翰舍著译文丛

二〇一八年七月 邹家华

事业管理与职业修养 生活史话

邹韬奋 著

生活·讀書·新知 三联书店 生活書店 出版有限公司

图书在版编目 (CIP) 数据

事业管理与职业修养　生活史话 / 邹韬奋著 . -- 北京 : 生活书店出版有限公司 , 2018.10
ISBN 978-7-80768-208-0

Ⅰ . ①事… Ⅱ . ①邹… Ⅲ . ①出版工作–管理–研究 ②出版工作–职工–职业道德 Ⅳ . ① G231

中国版本图书馆 CIP 数据核字 (2017) 第 238137 号

文丛策划　邹嘉骊
责任编辑　杨学会
封面设计　罗　洪
责任印制　常宁强
出版发行　生活书店出版有限公司
（北京市东城区美术馆东街 22 号）
邮　　编　100010
经　　销　新华书店
印　　刷　河北鹏润印刷有限公司
版　　次　2018 年 10 月北京第 1 版
2018 年 10 月北京第 1 次印刷
开　　本　787 毫米 ×1092 毫米 1/32　印张 8.75
字　　数　139 千字
印　　数　0,001–4,000 册
定　　价　49.00 元
（印装查询：010–64052612；　邮购查询：010–84010542）

韬奋照（1933 年）

韬奋和《生活》周刊社同人（1932 年，后排右三为韬奋）

生活书店招牌、证章

生活书店发展示意图

《事业管理与职业修养》书影

生活书店内部刊物《店务通讯》

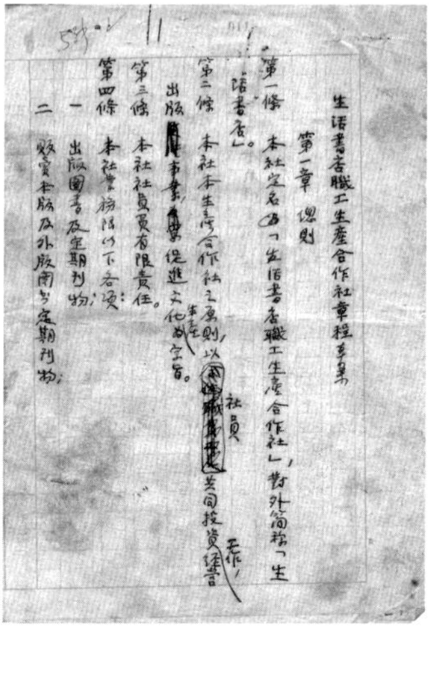
生活書店職工生產合作社章程草案

第一章 總則

第一條 本社定名為「生活書店職工生產合作社」，對外簡稱「生活書店」。

第二條 本社本生產合作社之原則，以社員共同投資，經營出版事業，促進文化為宗旨。

第三條 本社社員負有限責任。

第四條 本社業務限以下各項：

一 出版圖書及定期刊物；

二 販賣本版及外版圖書與定期刊物；

生活书店章程

写在前面

“韬略终须建新国，奋飞还得读良书”，郭沫若为韬奋图书馆拟写的嵌名联，今天仍挂在韬奋图书馆的门口。今年适值三联书店成立八十五周年，经邹嘉骊先生提议，我们合议出版一套“韬奋著译文丛”，以纪念三联书店创始人韬奋先生。

韬奋先生倡导的“竭诚为读者服务”宗旨，开创的书刊互动的事业格局、前店后厂的经营模式，既是当年生活书店的特色，也是三联书店延承至今的传统。我们相信，纪念韬奋先生最好的方式莫过于读他的作品，传承与弘扬韬奋精神，最好的方式莫过于为广大读者提供一套能展现韬奋先生著译实绩和基本面相的代表作品。因此，我们精选其生前编订的别集，辑为这套文丛，希望既能反映韬奋先生文字生涯的基本面貌、韬奋思想的主要脉络，又适合普通读者购藏阅读。

《事业管理与职业修养》的文章，最初发表于1939年—1940年间的《店务通讯》上。《店务通讯》是生活书店自办的内部刊物，当时生活书店在全国已有三四十家分店，为沟通意见和报告工作，由总管理处编印《店务通讯》，每周一次。韬奋每期“发表一篇文字，当作与全体同人的面谈，所谈的内容，大部分是关于事业的管理与职业的修养”（《弁言》）。生活书店积十五年的经验，从实践中发展出来，形成自己事业管理和职业修养上的特点，这些经验和体会也可供社会上其他机关以及一般服务社会的青年参考。基于这种考虑，韬奋接受了老友毕云程的提议，把这些文章略加选辑，编成本书，又采信了徐伯昕的建议，取定本书名。

《事业管理与职业修养》是韬奋在抗战期间重要的著作。本书由四部分组成，分别讨论了民主与集中、干部与待遇、服务的态度、工作与学习等问题，“前二类偏于事业管理，后二类偏于职业修养”，共辑录文章47篇。其中，关于民主集中制原则的研究和阐释，以及创造性地运用于生活书店的管理之中，是韬奋在其事业管理中特别值得重视的亮点。韬奋将民主集中制的内容概括为四点：一是领导机构，一律由选举产生；二是领导机构须定期对整个组织做工作报告；三是严格的纪律和少数服从多数；四是下级机构和全体人员，务必执行上级机构的决议和上级负责人的指示。他特别强调了民主与集中的辩证统一关系：“民主绝对不是无政府状态，集中也绝对不是独裁的意义。不民主的集中才是独裁；不集中的民主才是无政府状态；两者都是要不得的。我们需要的是不折不扣的民主集中，不能把它任意分裂开来。”韬奋把民主集中制视为生活书店的最基本管理原则，视为从《生活》周刊到生活书店事业发展十五年所积累下的最宝贵的成功经验，并简洁明了地概括为“大家共同规定的原则，是民主；把这原则交给负责人去负责执行，是集中”；落实到实际操作中，“所谓少数服从多数，是指任何人都须服从大家所共同规定的原则；是指领导性质机构的会议中，少数人须服从多数通过的决议”。(《对民主集中的正确了解》）在今天民主集中制早已是耳熟能详的组织原则，在当年韬奋先生却能有如此深刻的见解，而且身体力行，施行于他领导的生活书店，一方面可见韬奋先生的民主和睿智，另一方面也有助于我们理解作为后起之秀的生活书店，何以在短短的时间内就大放异彩，迅猛发展到和几家创办早、资金雄厚的老牌出版企业并驾齐驱的地步的原因。

《事业管理与职业修养》中另外一条值得关注的亮点是韬奋关于事业性与商业性的论述，也可说是职业修养部分的核心要义。韬奋认为，“事业性和商业性是要兼顾而不应该是对立的”，不可偏执一端：“倘若因为顾到事业性而在经济上作无限的牺牲，其势必致使店的整个经济破产不止，实际上便要使店无法生存，所谓皮之不存，毛将焉附，机构消灭，事业又何从支持，发展更谈不到了。在另一方面，如果因为顾到商业性而对于文化食粮的内容不加注意，那也是自杀政策，事业必然要一天天衰落，商业也将随之衰落，所谓两败俱伤。”因此，他强调事业性和商业性是“应该相辅相成的，不应该对立起来的”，就是因为“我们所共同努力的是文化事业，所以必须顾到事业性，同时因为我们是自食其力，是靠自己的收入来支持事业，来发展事业，所以必须同时顾到商业性”。倡导社会效益和经济效益的兼顾和统一，是今天出版人的共识，而韬奋先生在近八十年前已经有上述深刻的理解和清晰的阐释，不能不让我们对这位出版前辈的睿见卓识心生敬佩。

如果说《事业管理与职业修养》偏重于理念阐释和经验总结的话，作为附录的《生活史话》则可说是韬奋办刊办报做出版的历史叙事——正如其题目“史话”所揭示的一样。自1939年10月起，韬奋在生活书店内部刊物《店务通讯》上，陆续发表22篇回忆文章，从接手周刊的“光杆编辑”“两个半的同事”到第一批同事、第二批同事，从起步以赠阅为主的两千多份印量发展到两万份、十二万份，以至后来经过公证的155000份，从“空手起家”到“引起上海整个广告界的震惊”的“大拉广告”，从“不仅轰动了全沪，简直轰动了全国”的为马占山将军捐款到销量多时达到二十万份的《大众生活》和团结抗战的《生活日报》……从主持《生活》周刊到创办生活书店，再到形成报刊群落和书刊并举，十五年中艰苦奋斗的经过，在“生活”发展史上起过重要作用的徐伯昕、毕云程、艾寒松、金仲华等人物形象，也都在这22篇“史话”给读者留下深刻印象。“史话”文笔轻松诙谐，读来脍炙人口，可见作者甘于清贫，人不堪其苦，作者却乐在其中的乐观精神。

本书于1940年11月由生活书店在重庆初版。1945年11月抗战胜利后，韬奋出版社重印出版，由当时的生活书店编辑部撰写了《增订本后记》。此集后有多种版本行世。此次出版，即选用1945年版为底本。由于当时环境所限，出版时删去部分文字，这次加以恢复，以呈现韬奋原作的完整面貌。按照文丛的体例设计，保留当年的语言特色和韬奋的书写风格，同时参校以《韬奋文集》和《韬奋全集》，有所变通处理时，酌加以编者注。

本文丛和本集的编选成书，得到了韬奋先生的亲属，全国人大原副委员长邹家华、资深编辑家邹嘉骊的亲切关怀和大力支持，上海韬奋纪念馆、出版博物馆慷慨援手提供图片支持，在此表示由衷的敬意和感谢！

生活·讀書·新知 三联书店
生活書店 编辑部

2017年9月

目　录

关于干部与待遇

关于服务的态度

关于工作与学习

附录一　生活史话

弁　言

自“八一三”全面抗战爆发以后，生活书店为着供应战时需要，推进抗战文化，工作的据点也突增起来，数百同事散处于三四十个据点，布满于前后方各地，不可能聚首一堂从事讨论或检讨，于是为沟通意见和报告工作计，便由总管理处编印《店务通讯》，每周一次，专备本店同人阅览。我在每期的《店务通讯》上发表一篇文字，当作与全体同人的面谈，所谈的内容，大部分是关于事业的管理与职业的修养。老友毕云程先生对于这些文字很注意，认为有公诸社会的价值，怂恿我把它辑成单行本。我想到由先后全体同人所惨淡经营艰苦辛勤培植起来的生活书店，积十五年的经验，在事业的管理和职业的修养上确有它的特点，这些特点是从实践中发展出来的，也许可供社会上其他机关以及一般服务社会的青年参考，所以略加选辑，编成这本书。我原想替它取名《民主的纪律》，又想替它取名《负责人与工作者的职业修养》，但是终于决定采用徐伯昕先生所建议的《事业管理与职业修养》。各文略依性质分为四类：（一）关于民主与集中，（二）关于干部与待遇，（三）关于服务的对象与态度，（四）关于工作与学习。前二类偏于事业管理，后二类偏于职业修养，虽则这两方面在实际上是有着相互的关系，不能截然分离的，因为在合理的事业管理中固含有职业修养的成分，在合理的职业修养中也含有事业管理的成分，这种联系，读者看到本书的内容，自能理会得到的。本书附录中的《生活史话》也在《店务通讯》上登载过，因它有关生活书店在十五年中艰苦奋斗的经过，与本书中所讨论到的原则，可供参证，所以把它辑入附录。附录中还有一篇《为生活书店辟谣——敬告海内外读者及朋友们书》，也有着同样的效用。

本书的内容，读者看了自会知道，不必在这里多说，不过在这里还有两点值得我们提出来说一说：

第一点是：寻常所谓管理，往往是指一个人或少数人的管理，多数人是被管理者。如运用民主集中的原则于事业的管理，那末全体同事都是管理者，同时全体同事都是被管理者，说得简单些，可以说是集体的管理。要明白这一点，请略谈生活书店在管理方面的组织。生活书店是一个商号注册的商业机关，它在业务上的组织有总经理、经理、各部科主任等等，都是依着他们所担任的职务而由总经理任用的，这方面和其他的事业机关并没有什么两样。但是除此之外，为着运用民主集中的原则于事业管理之中，为着实行集体的管理，它让全体同人（须在正式任职半年以后）公举理事参加理事会，共同商量关于营业的事情；让全体同人公举人事委员参加人事委员会，共同商量关于人事方面的待遇及奖惩的事情；让全体同人公举监察委员参加监察委员会，其主要任务在查阅账目；让全体同事组织自治会，共同处理关于同人的卫生、娱乐及教育等问题。在这四个机构中，以人事委员会的职务为最麻烦，因为它所处理的是关于人事的问题，而在任何机关中，人事问题都是最麻烦的事情。现在让我们略举人事委员会所管的事情做讨论的例子，借以说明集体管理的一斑。人事委员既是同人公举出来的，他们便具有同人代表的性质，由他们根据事业的实际需要，详慎规定“服务规约”，尽量具体地规定如何如何的事项应奖，如何如何的事项应惩，明文规定及公布以后，全体同事便有共同遵守的义务，好像民主的国家由国会所通过的法律一样。总负责人（总经理）及各级负责人便须依照规约执行他们的职权，倘若他们执行有错误，即违反了规约的原则，便可由人事委员会加以纠正。看了这样的大概情形，便知道这在实际上是集体的管理，在某种意义上也可以说是互相管理，因为大家都须在共同规定的“规约”内行动，以维持整个事业的工作纪律，也就是所谓“民主的纪律”。我原来想替这本书取名《民主的纪律》原因也在此。

这样运用民主集中于事业管理之中，有什么益处呢？有很多的益处！首先，民主的纪律——在共同决议的原则之下执行的纪律——是自发的纪律，而不是盲目服从或由任何单方面强行加上的纪律，同人中得了奖的，觉得格外光荣，不幸得到惩罚的，也没有话说。其次，有公定的明确的原则可以依据，好像国民在法律前是一律平等的一样，全体同事在公定的“规约”前也是一律平等的，谁做了那一条应该得奖的事项，谁就当然得奖；谁犯了那一条应该受罚的事项，谁就当然受罚；完全以客观的事实为根据，按照公定而明确的原则处理，不因人而异。这样，比较地可以给同人以公平的印象，而相当可以减少不平的反感。再其次，如果执行者有错误，尤其是关于惩罚的事情，不服者可向人事委员会提出说明或申诉的机会，要求加以纠正；倘若所说明的或所申诉的事实果属正确，即可加以纠正，否则对不服者亦可加以再度的说服，使他不致把误会闷在肚子里，影响到他的工作情绪。这样可以使人有提出申诉的机会，减少误会，减少冤抑，在积极方面也就是可以增高同事对于工作的努力精神。

以上只是在人事方面略举一例以供讨论，此外如给予同人以共同商量营业的机会，共同努力增进同人福利的事情，也是注重群策群力，运用民主集中于管理之中，达到集体管理的目的。

就一般说来，这样的管理法似乎有些“特别”，但是说穿了之后，却一点没有什么“神秘”，因为它的目的不外是运用“集思广益”的原则来达到“群策群力”的功效。即令不是每一个事业机关都可能采用上面所说的那样具体的组织如人事委员会之类，但是在管理者方面，仍可以时常注意到向同人方面集思广益，引起他们对于参加业务，参加管理的兴趣，在实际上的酌量采用民主集中的精神，也可以在实际上收到集体管理的功效，所以这本书所讨论到的关于民主集中的原则在事业管理上所可发生的影响，仍然可供参考或酌量采用的。

这样根据民主集中原则的管理法，有时候，从时间的经济方面看起来，似乎不无缺点，因为由负责人简单地下一个命令就干，是简便而迅速得多，遇事要“集思广益”，经过“民主”的程序才“集中”起来，往往不免多费一些时间，这在工作的效率上似乎是不无缺憾。但是我们要知道，一个事业办得好，不是只靠一个人或少数人，要靠全体同事“群策群力”来共同努力的，要达到“同心协力”的目的，要使得全体同事都能自发地重视并遵守“民主的纪律”，虽略费一些时间，多忍一些麻烦的手续，在工作的效率上反而可以多收得较高的效率，比之彼此隔阂，甚至误会丛生，无形中影响到奋发的工作情绪。两相比较，孰得孰失，还是很显然的。可是为着补救这方面或有的流弊，我们要特别注意“集体领导，个人负责”的原则；“集体领导”即在原则上由大家共同商定，“个人负责”即在职权上由负责者根据原则切实执行。关于这一点，本书里有专篇论述，在这里不多说了。

此外还有一件事也非常重要，值得特别提出，那就是要在管理上采用民主集中的原则，必须加强对于同人的教育。民主的程序重在集体的商讨决议，如果构成集体的分子对于事业的意义没有明白的认识，对于应付的问题没有正确的见解，对于处事的态度不能大公无私，那是不免要发生种种流弊的。虽则在民主的程序中，也可以给予同人以实践上的学习，增加他们的经验与认识，但同时仍须加强对于同人的教育，使他们更能得到更充分的知识经验，成为更健全的分子。分子愈健全，民主集中的管理法愈能收到宏大的效果。

以上所谈的第一点，是关于事业管理方面。接着要谈到的第二点，是关于职业修养方面。这第二点的主要内容是：寻常所谓职业修养，往往只注意于一般职员的修养（这当然是需要的），而忽略了负责人（即各级负责人，经理部科主任等）的修养；其次，寻常所谓职业修养，往往只注意于消极的，接受的方面，而忽略了积极的，创造的方面。在事业的管理方面，我们主张大家都要来参加管理（说明详见上节）；同样地，在职业修养方面，我们也主张大家都要注意修养。一般职员固然要诚恳，谦虚，和蔼；负责人也要诚恳，谦虚，和蔼；一般职员固然要时时在用心学习，时时在进步中前进；负责人也要时时在用心学习，时时在进步中前进。事业的发展是靠全体同事的共同努力，职业修养的增强是发展事业的发动力，这发动力不是只是要从某一局部发出，是要从全部分同事发出来的。如果负责人任用私人，包庇私党，培植私人势力，而对于一般同事却要求全责备，在事实上将适得其反！如果负责人态度傲慢，颐指气使，不知道重视干部，爱护干部，而对于一般同事却要求全责备，在事实上也将适得其反！我们不应该注意到偏面的职业修养；我们应该注意到“全面”的职业修养。我原想替这本书取名《负责人与工作者的职业修养》，意思也在要指出这个要点。

其次，事业的发展要靠人才，职业修养便是造就人才的源泉，但是寻常所谓职业修养往往只注意到消极的，接受的方面，而忽略了积极的，创造的方面。其实事业上最需要的是有创造力的人才。你说什么，他能照你所说的做去，做得很好，这固然已经是一种很大的帮助，但是有的同事能补充你的不足，能做出比你期望的更好，那是更大的帮助。你提出原则，他能很细密地替你定出很切实而具体的方案；你提出困难的问题，他能很灵敏地替你想出切实而具体的解决的办法；这都须具有创造力才能办得到，都不是仅仅奉行故事，不动天君，所能办到的。这样的积极的，创造的能力，必须从工作的实践中学习出来的，培养出来的；服务者必须注意这样的职业修养，负责人必须提倡鼓励这样的职业修养。

我在上面曾经说过，事业管理与职业修养不能截然分离的，是彼此间有着密切的联系。其实，我们主张事业的管理应该由全体同人来参加，在参加中的工作与学习，也是职业修养中最重要的部分。“事非经过不知难”。愈有参加事业管理的机会，在实践中愈能得到锻炼的机会，也就是愈能锻炼出领导的人才来。锻炼领导的人才，不也是职业修养中一个很重要的任务吗？从另一方面看，在工作实践中能注意培养积极的，创造的能力，造成有力量的健全的分子，对于民主化的管理，当然也能有更大的贡献：这两方面是有着互相影响的作用，都值得我们的注意。

我们无论参加任何事业，都离不开管理；我们要在事业上能有更大的贡献，也都离不开职业修养。本书愿以十五年来的小小经验，贡献给努力事业与努力进步的朋友们。

韬奋记于重庆。廿九，四，廿，晚。

关于民主与集中

一　对民主集中的正确了解

生活书店在管理上一向是采用民主集中的原则，这一个特点，对于本店全体同人的精诚团结，对于本店事业的光大兴荣，都有着很大的关系。但是本店规模日大，同事日多，我们虽同在这个特点之下共同努力，行所无事，也许对于这一特点的明确意义，未及深加思考，容易模糊起来，所以我认为对于这一点有再加以说明的必要，尤其希望比较新加入的同事，加以特别注意。

民主集中的内容，扼要地说来，有下列四点：

一、领导的机构，一律是由选举制产生。

二、领导的机构须定期对整个组织作工作报告。

三、严格的纪律和少数服从多数。

四、下级机构和全体人员，务必执行上级机构的决议和上级负责人的指示。

试根据这四个要点来分析本店的管理。就第一点说，本店的领导机构如理事会，人事委员会及监察委员会，都是由选举制产生的。就第二点说，本店的领导机构每年须对全体同人大会作工作报告。就第三点说，全体同人都须服从章程服从服务规约，服从由领导机构所决定的一切章则。就第四点说，本店的全体同事，都须执行上级机构的决议和上级负责人的指示。这样看来，可见本店的管理，是和上述的四点符合，也就是和民主集中的原则符合。

民主绝对不是无政府状态，集中也绝对不是独裁的意义。不民主的集中才是独裁；不集中的民主才是无政府状态；两者都是要不得的。我们所需要的是不折不扣的民主集中，不能把它任意分裂开来。如再简单地说来，大家共同规定的原则，是民主；把这原则交给负责人去负责执行，是集中。所谓严格的纪律，不是任何个人的作威作福，是要负责人严格执行大家共同规定的原则。例如我们有大家通过的章程，服从这章程的规定是纪律；人事委员会根据章程规定的职权，执行由该会所通过的服务规约，谁犯了这个规约，就须根据这个规约处理，这是纪律。例如各级负责人的职权有它的范围，在这范围内要认真执行他的职权，受他的职权内指示的人要服从这职权，在行者和受者两方面都是纪律。严格的纪律，是认真执行大家所共同规定的原则和各级负责人应有的职权。这固然是集中，但在集中的执行中，也还含有民主的成分，例如负责人的指示如有错误，受者仍可申诉于更上级的负责人或相当的领导机构，求得公平的解决。

所谓少数服从多数，是指任何人都须服从大家所共同规定的原则；是指领导性质机构的会议中，少数人须服从多数通过的决议（咨询性质机构的会议不同，请参看《店务会议的效用与权限》一文）。由多数人通过的章程授权理事会或人事委员会所订立的章则，全体同事都有服从的义务，这并不违反少数服从多数的原则。由多数人选举出来的领导的机构授予各级负责人的职权，在职权内应有指示，有关的同事都有服从的义务，这也不违反少数服从多数的原则。例如某一分店的负责人——经理，在他的职权内，当然有指示该分店全体同事工作的责任，这并不违反少数服从多数的原则。为什么呢？因为大家共同规定的原则是民主；由大家共同规定的原则所产生的领导机构的机能与负责人的职权是集中；这两方面是相辅相成而不是相违反。不过这里有两点须值得注意的，就是：第一，领导机构的机能与负责人的职权不能违反大家所共同规定的原则；第二，倘若大家发现这种机能或职权有违反章则的地方，可以而且应该提出询问或抗议，要求解释。但同时还有一点也很重要，那就是询问或抗议，都有一定的“轨道”，而不能以个人的“自由行动”来作答复，因为倘若这样，便形成无政府状态，既不是民主，也更不是集中。例如各分店对总处的指示，如认为有不对的，尽可提出意见，交总处负责人加以考虑修正。如确为总处的处理不适当，关于业务问题，尽可提出意见，交理事会公议解决；关于人事问题，尽可提出意见，交人事委员会公议解决；关于监察问题，尽可提出意见，交监察委员会公议解决。民主是有轨道的，不是个人的“自由行动”——无论在执行者和受行者两方面都是这样。

我们如要得到民主集中的实益，必须先对民主集中的原则有着正确的了解。

二　关于领导机构的几个要点

最近我们正在进行选举理事，人事委员，监察委员，以组织新的理事会，人事委员会，及监察委员会——也就是本店的领导机构。我觉得要使得我们的领导机构能够很好地负起它所应尽的任务，参加领导机构的同事，对于领导机构须有正确的态度：即在领导机构以外的同事，对于领导机构也须有正确的态度。关于这方面，我以为有几点值得我们提出来研究，并加以深切的注意。

第一须以店的整个事业的利益为前提。这个态度本来是每一个同事所应有的，原不限于领导机构中的同事，但是因为领导机构的同事尤其是处于顾到整个事业的地位，他们对于任何营业计划的核定，对于任何人事问题的考虑，都应该特别注意于店的整个事业的利益，他们的眼光都不应该限于任何狭小的部分，而妨碍到店的整个的事业的利益。在实际上，本店中任何部分的利益都是和店的整个事业的利益发生连带的关系的。例如店的整个收入如受到很大的打击，对于任何同人的待遇都不能提高，这是一个显然的例子。又例如对工作纪律如取马虎主义，大家撒撒烂污，影响到整个店的工作效率，由此影响到整个店的事业与经济，任何部分的业务与福利都要受到连带的影响，这又是一个显然的例子。把所有的经济力都用于造货而完全不顾到同人的生活吗？或把所有的经济力都用于提高同人的待遇而完全不顾到造货的资金吗？这固然都要使整个事业遭受到致命的打击，即两者之间没有通盘筹划，顾到适当的配合，也要使事业受到不良的影响。讲到全体同人的工作情绪，要相当顾到新干部的工作情绪，也要相当顾到老干部的工作情绪，如有所偏，只顾其一而不顾其他，又要引起有碍整个事业的不幸现象！这一切应如何斟酌考虑，尽可能得到相当合理的解决，都须以有益店的整个事业为前提。

第二须有大公无私的精神。人是感情动物，感情是血性的表现，用得其当，原不是坏的事情，我们更绝对不提倡冷血动物的作风。但是感情用不得当，便要以私害公。某人犯了错误，因为他素来与我感情特别好，我便替他掩护，替他包庇；某人既有优点或劳绩，因为他向来与我有恶感，我便要中伤他，欲得而甘心：这种偏私的态度如用到领导机构中去，便无事不糟糕，尤其是有关人事的问题。有大公无私的精神，处事的时候，便丝毫不肯以私害公，要完全根据客观的事实，与所规定的章则或规约，作公平的决定。

第三须有民主的精神。具体地说，在这里所谓民主精神，还可分三点来说：（一）须有参加讨论的雅量，即讨论时须能平心静气，遇有与己不同的意见，亦能虚心倾听，不要意见不合就发脾气，或结成冤家。（二）须有服从多数的习惯。讨论的时候尽管知无不言，言无不尽，甚至作热烈的讨论（最好不要面红耳赤），但一经多数通过，即须服从决议，不应口是心非，或尚存侥幸之意，甚至另作捣乱企图（这只是就一般而论，本店向无此事，这是深可欣幸的）！即令你有卓见，在民主原则下，只有努力说服大家的一法，说服失败，便是你的不行，不能怨天尤人。（三）须有集体责任的认识。任何事一经领导机构决议之后，任何参加者都须共同负责，即所谓集体责任（除非辞职不干，那是另一问题）。例如关于人事问题的决议，如有参加者在会后将讨论经过公开告人，以讨好于被讨论者，这是不认识集体的责任，同时由此引起人事的怨恨，使以后讨论人事时没有人肯说实话，以免问罪同事，更失去了领导机构的效用，这更是罪无可恕的！

第四须有严守秘密的习惯。无论关于营业计划，或人事问题，在有利于整个事业的原则下，往往有些部分是有严守秘密的必要。参加领导机构的同事对于这些部分便有严守秘密的责任。对于在业务上没有告诉必要的同事，便不应告诉。例如关于人事问题的讨论，在领导机构开会讨论的时候，各人都应尽量贡献材料与意见，最后依决议办理。在这讨论过程中说的话，尤其是反面的话，如被有关系的人听到，便极易开罪，故参加者必须严守秘密，以免引起人事纠纷（由相当负责人对同事婉告他的错误，俾得改善，那是另一回事。由个别同事间直接作友谊的规劝，那也是另一回事）。至于营业计划，在这同业激烈竞争的复杂社会环境中，也有些部分有时需要严守秘密的。尤其注意的是泄漏秘密的人也许并无恶意，他只是对于被告者说："这是秘密，只对你一人说，不要对别人说！"被告者可能把同样的"被告"转告他所认为可以相信的好友，任何秘密都可由于这样的作风传扬起来，重要的会议须严守秘密是最重要的纪律之一。

我们既取民主制，这个重要纪律的培养也是很重要的。

以上所说的都是参加领导机构者应有的态度，但是同时也可适用于领导机构以外的同事。为什么呢？因为他们如果也能明白这些要点，就能协助领导机构易于负起它所应负的任务。例如我即在领导机构之外，如果明白大公无私精神的必要，虽在领导机构中有一要好的同事，我也不希望他为着私谊帮我的忙而妨碍了公事，更不致因为他不因私谊偏袒而埋怨他，甚至我在会议之后，连问都不去问他。我如有事被处分，我只静候公告，决不愿缠夹不清地向着参加领导机构的同事探听谁人在会议时说我好话，或谁人当时说我坏话。即使他意存讨好私人来自动地告诉我，我反而觉得这个同事的修养训练还不配参加领导机构，因为他还不能严守应守的秘密，还是公私不分，还不能明白什么是集体责任！领导机构中只须有着一个这样的人，整个组织便无法健全起来！

三　管理上的改革

本店在管理上是采用民主集中的原则，这是同人所知道的。这个原则在根本上是不错的，我们仍然要宝贵这个原则。但是在运用方面，换句话说，在具体的办法方面，却应该根据现实情形的变化而斟酌改革，才能在实际上收到良好的效果。试把人事委员会处理人事问题来做个例子。当我们只有一家店在上海的时候，全体同事都在一个地方工作，有经常的接触，彼此的情形都易于熟悉，不致有过大的隔膜，所以人事委员会对于办理人事比较地容易办，比较地迅速。后来分店有了汉口、广州两处，事情已比“独此一家”的时候复杂一些，再后来竟增加了三四十个据点，大多数同人散处在各地，彼此情形便渐渐隔膜起来了；交通不便，信札需时，在这样情形之下，人事委员会往往受着客观的限制，不免“吃力不讨好”。在以往一年间，我被推任了人事委员会的主席，最大多数的关于人事的会议，我都亲自参加过。依我的观感，人事委员会中的每一委员对于每一件有关人事的问题，都是存着很公正的态度，尤其是集体的结论或决议，都是尽可能根据所知道的事实材料，配上已定的原则，加以慎重决定的。老实说，在人事委员会可以说是已尽了最大的努力。可是据陆续由各方面来到总处的同事所谈及，仍多感觉到人事委员会所作的决议，常令人觉得与事实未能切合。至于人事委员会遇有特别慎重的事件，对事实须加以调查，所需的时间较多，也引起有些同事的不满。不能迅速，诚然是一个缺点，但这是客观条件的困难，并非人事委员会有意延搁或懒惰。

这种管理上的缺点应该怎样消除呢？我们应该加强“集体领导，个人负责”的办法，领导机构只须努力规定原则，不必顾及琐屑事情；关于琐屑的事情，各店负责人只须根据领导机构所定的原则负责执行，不必事事要请示人事委员会。执行如有不当，自然仍可由不服者向领导机构申诉，要求纠正，但是如果没有充分的反证事实，各店负责人的执行是不应轻易推翻的。在另一方面，各店负责人如确有错误，当然也须负责，由领导机构决定处分。这是提高各分店负责人的职权，同时加重他们的责任。依目前的情形，即令是芝麻绿豆的小事，各店负责人也须请示总处，反而可以不必负责，因为职权不及，往往明明有所知也不肯明说或老实报告，即使说了也徒然结成私怨，于公事的执行，还是无甚裨益，这是实际的情形。我们不能讳疾忌医，必须在管理上有所改革，以作补救。当然，同时我们对于负责人要加以慎选，要使他彻底明白原则，要使他能够负起责任。关于原则，职权和责任的范围，当然都应有明确规定。

不但关于人事方面，即业务方面，理事会也要强调“集体领导，个人负责”的办法，各店应有较详备的营业计划，究竟能否完成或超过，都应有比较具体的标准，在一定时期之后加以检讨，作为奖励或处分的根据，使各店负责人及有关的分店同事有所准绳。能完成营业计划的应有相当的奖励，使有关负责人和同事都能比例地获得能超过的应有特奖；未能达到的也应有相当的处分（详细的办法当然应有适当的规定）。在营业计划的范围内，应予各店负责人以发挥创造力的余地。

管理上的改革应特别注意实行“集体领导，个人负责”的办法，其大意已如上述，同时我们还决定实行巡回视察的办法，这个办法原来早想执行，因人手分不开，以致延搁，是一件莫大的憾事。最近对于人事方面有整个的调查，希望我们的视导员不久即可与各处同事详谈一切。我希望由于巡回视察办法的执行，散在各处的同人间的意见可以获得相当充分的沟通，总处和各地间的隔膜可以得到相当的消除，这样，对于我们的文化事业，应该有着更大的整顿和推进。

由上面所说的这几个方面同时兼程并进，应该可以得到更大的工作效率。

四　民主的纪律

本店在管理上是采用民主集中的原则，也就是采用“集体领导，个人负责”的原则。关于“民主集中”，关于“集体领导，个人负责”，我都曾经有文章加以扼要的说明，诸位同人都已看过了。在民主的原则下，并不是可以没有纪律，没有纪律更要形成无政府状态，便没有轨道可循，所以我们必须有纪律，这是谁也不能否认的。不过我们所有的是民主的纪律。民主纪律的第一个特点，有共同规定的原则做根据；第二个特点，是执行如果有错误，得提出理由要求纠正。

我们在业务上，在人事上的原则，有全体同事所共同规定的规章，其余的原则，也都是在规章所允许的范围内，由选出的领导机构共同规定的。这都是我们在纪律方面的根据，是我们大家所应服从的。谁违反了共同规定的原则，谁就应受相当的处分。不但被处分者应服从共同规定的原则，在执行处分者，也是在服从所共同规定的原则，任何同事，如果认为原则本身有不对应修改的地方，尽可向领导机构提出建议，说明理由，由领导机构在会议中加以考虑，如认为应该接受的，就应该接受，认为不能接受的，也要加以解释（任何同事都有建议的权利与义务，但是最后决定权当然仍属于领导机构）。原则既经共同规定之后，全体同人都有遵守的义务。执行纪律的人必须根据共同规定的原则执行，因违反了纪律而受到处分的人也是根据共同规定的原则而受处分。总负责人以及各级负责人，他们在职权范围内执行纪律，也应该根据共同规定的原则。各级负责人遇有超出他们职权的事情，应该提交上级负责人解决；上级负责人遇有超出他们职权的事情，应该提交总负责人解决；总负责人遇有超出他的职权的事情，应该提交领导机构解决（业务方面的事情最后应该提交理事会，人事方面的事情最后应该提交人事委员会）。领导机构保留最后的决定权，领导机构的议案，是任何同事所应遵守的。

虽有了共同规定的原则做根据，倘若执行者有错误，无论他是总负责人也罢，或是各级负责人也罢，都有提出纠正的必要；不过这种纠正也有着它应循的轨道：如对各级负责人所执行的认为有错误，应向上级负责人提出；如对上级负责人所执行的认为有错误，应向总负责人提出；如对总负责人所执行的认为有错误，应向领导机构提出。领导机构保留最后的决定权，领导机构的决议案是任何同事所应遵守的。

有了共同规定的原则做根据，如认为违反了原则，得用相当手续提出理由要求纠正，这是民主纪律的两个特点。但是无论关于原则方面是否需要修正，或是关于执行方面是否有错误，最后的决定权都是操诸选举出来的领导机构，领导机构的决议案是任何同事所应遵守的。

也许有人觉得，倘若他认为领导机构也犯了错，怎样办呢？如遇有这样的情形：任何同事只有在下面几个途径中选择一条可能的路：（一）如错误非常严重，有关整个事业，得要求召集全体同人大会处决之；（二）提出理由交领导机构重加考虑（最后决定权仍在领导机构）；（三）服从领导机构的决议；（四）辞职不干。这是个人方面应遵守的光明磊落的态度。倘若对这四个途径一条也不取，既不辞职，也不服从领导机构的决议，或阳奉阴违，只是个人发牢骚，对工作存着消极态度，这就民主的纪律说，是完全无一是处的。据我所知道，本店的领导机构向来不以私意偏袒任何个人的，都是根据事实慎重讨论及公意决定的，对于任何同事提出的建议，向来也都加以虚心的考虑。即令领导机构有错误，也应该提出理由交付重议；重议结果如抗议者仍认为不满，只有选择上述四个途径中的任何一条路走。这是对于民主纪律应有的正确的态度。

我们有民主的纪律，我们要遵守民主的纪律。

五　民主的主要程序

民主的主要程序，除选举外，用会议的方式来讨论与决议，决议后少数须服从多数，这也是民主的主要程序的一个部分。

会议所含的民主作用，最重要的是讨论，所以我们对于讨论的这件事，要加以特别的注意。讨论就是讨论，似乎是一件很简单的事情，用不着多说，但是不然，这里面有许多道理值得我们严格的注意，否则还是得不到讨论的良效，也就是不能充分发挥民主的作用。

在会议中遇着一个问题，甲有甲的意见，乙有乙的意见，丙有丙的意见，丁有丁的意见……甲乙丙丁等的意见，都是个人的意见，也就是没经过讨论的意见，其中并没有包含什么民主的成分（这是就手续说，不是指意见的内容）。在不民主的状态下，各人根据各人主观的意见做去，实行的是个人的意见而不是集体的意见。甲乙丙丁等充分说明他们各个的意见之后，经过大家的讨论，补充的补充，纠正的纠正，保留的保留，最后的结果——亦即是最后的意见，无论是一致通过的，或是多数通过的，这里面也许含有甲意见的一部分，也许也含有乙意见的一部分，也许也含有丙意见的一部分，也许也含有丁意见的一部分……总而言之，经过集体讨论所得到的最后意见，不是甲的意见，不是乙的意见，不是丙的意见，也不是丁的意见，是集体的意见。尽管有时众意所取的全是甲所提出的意见，但经过了一番集体的讨论，多少总有所补充，即假定是全照原来的甲的意见，但经过在会众人重加一番思考与鉴定之后，这里面也含有多人共同考虑的成分，可靠性亦较前增加，也不能再视为最初的本质。在集体讨论所得到的最后意见，即含有民主的成分，经过一致通过或多数通过的手续，即是加上民主的保障。最后的民主步骤，便是要根据这决议做去。

这样看来，会议是民主程序中一个很重要的部分，它所以重要，第一件事是有讨论，讨论之所以重要，是由各个的主观的意见，经过讨论过程，变化为集体的比较客观的意见。这集体的比较客观的意见，一般地说来，是要比各个主观的意见来得正确，来得合理，可以避免偏见和独断。这是真正“集思广益”的意义。

会议是民主主要程序中的一个重要部分，讨论又是会议中的一重要因素，所以我们要维持真正的民主精神，对于讨论是要极端重视的。

但是要得到讨论的良果，我们对于讨论，有几点要特别注意：

（一）各人应该用客观公正的态度与极端的诚意虚心，让各人充分发表他们的意见。固然，谩骂与题外的噜苏话语，应由主持者加以制止，可是有关议题的意见，却须让有意见者充分证明。

（二）所谓充分发表意见，不仅是正面的意见，也须以宽大的态度，诚恳的心情倾听反面意见，尤其是主张正面的人对于反面意见不要先存成见，甚至不高兴，发脾气，或存着讨厌的心情，否则便够不上什么民主的精神。中国有些人在开会时，如有人提出对于他的意见的批评或反对他的意见，往往就要动气，认为是和他个人捣乱！因此对你大结其怨，甚至下次无论何事，非与你捣乱以作报复不可，这就根本不知道民主讨论的作用就在“矛盾中统一”，讨论之所以成立，就在正面反面意见都有，否则根本就用不着讨论了。所以参加讨论听到与自己相反的意见就不高兴，这人根本就不懂得什么是民主!

（三）虚心倾听各方面的意见，并不是说听者没有立场，譬如在本店的会议中，我们大家的公共立场是以店的集体利益，以整个事业的利益为主要的标准，而不该在讨论公务时以个人的友谊或爱好为标准。

（四）在讨论时有正面的考虑，也有反面的考虑。在尽量贡献忠实意见的时候，对于人事问题，也许有得罪到有关系的个人的话，尽管提出者是出于公、忠于集体的动机，而被有关系的人听到，仍难免招怨，在集体决议之后便须共同负责，不应把讨论过程中的易于得罪人的话传扬出去，增加人事的纠纷（这对于店的集体利益与事业都是有害的），而且使以后在开会时没有人愿尽量贡献所见，实有很大的流弊。我们已郑重说过，讨论是民主的重要因素，在讨论时须让与议者充分发表意见以供讨论，无论正面反面的意见，只须有所见，都须充分提出，在这个条件下，个人提出意见无论对于何人也许要得罪（这指被批评者的主观说），可是在讨论的时候，他的提出是可以的，而且还应该鼓励的，因为这样大胆的提出，正足供讨论的参考，即有错误，亦有与议者的集体纠正或补充，是不会有流弊的。不过与议者如在开会以后任意将讨论过程中所说的话，尤其是得罪人的话，随便告诉“好朋友”，引起人事纠纷，或增加人事纠纷，或增加同人中的恶感，都是有害于集体的利益与事业的。即使告诉者在主观上并无恶意，但是在客观上如发生流弊，也同样地对不起我们的集体事业。我们要实行民主的办法，对于讨论通过后的决议，即须负集体的责任，不应该再牵涉到任何个人在讨论过程中所提出的意见，尤其是关于人事最易引起纠纷的问题。我们所以应该这样负责，目的还是为着集体利益和整个事业，不是为着任何个人。这一点实在值得我们主张运用民主精神于事业者的特别注意。这一层在公开的议会里也许做不到，但在一个民主机关里的最高机构或任何主持人事机关的会议，是可以做到应该做到的。

六　民主的构成分子

上次我和诸位谈过民主的主要程序。扼要地说来，第一是选举，第二是用会议来决定重要的事情。用会议来决定重要的事情，对于讨论有好几点宜特别加以注意，这在上一次已经提出研究过。要选举得当，要讨论得当，这都是要看参加者是否认识足够，知识足够，道德足够。换句话说，民主的构成分子是值得我们大家考虑的。当然我们的这个工作团体并不是最近才新建起来的，所以并不是在今日还能任意选择分子（除非是正在加入的新分子）。我们的分子是已经有了的，因此我们在这里所谈的是注意我们大家所要互相勉励的几个特点。

第一，民主的最重要的精义是大家的事由大家来管，因为是由大家来管，我们一个人对于自己的认识水准，知识水准，道德水准都应该时时在进步的路程上迈进，构成分子的进步，就是团体的进步；构成分子的落后，也就是团体的落后。所以在个人方面说，自己的进步或落后，还只对自己个人负责任，加入了一个民主的工作团体，成为这工作团体的一员，自己的进步或落后，已不只是对自己个人的责任问题，而同时也是对团体的责任问题。关于求进步方面，当然有种种的途径，最主要的大概有三种：（一）尽可能作有系统的看书，注意一般常识的书和自己所欲专精的那部门的书。（二）在工作中体验和求进步。举一个最小的事做例子吧，就是抄写一封信，用拆烂污的态度写是写，用学习的态度写也是写；前一种的写法虽写了千百封信，还是老样，或甚至瞎拓惯了，反而退步，后一种写法便越写越好，简直好像利用现成的纸笔替自己改善书法！（三）如再有时间或精力剩余的话，在可能范围内参加一些店内，或店外的集体生活，增加自己的社会经验。

第二，在民主的团体里，道德观念很重要。这里所谓道德观念，并不是指冬烘老学究所要提倡的复古的顽固思想，却是特别注重团体的道德，个人对于团体在道德上所应负的责任。这种道德的核心，应以有益我们的团体，团体的集体事业为最高原则。试举大一点的例子来说，我们团体的事业是要靠全体同事和衷共济来干，如有挑拨离间破坏我们团结的言行，便为失德。又例如我们的组织有相当的机构，如理事会、人事委员会、监察委员会等等。如有意见，尽可根据事实，坦白提出讨论公决。如当面不说，背后戳壁脚，模仿旧式大家庭中妯娌姑嫂间争风吃醋的作风，便为失德。对于团体的缺点知而不说，或说而不想办法，也是失德。再举小一点的例子来说，我们对于公共财产，无论粗细，都应该尽量爱惜，小至一盏电灯，在房里的时候开着电灯，走出房门就应该立刻随手把电灯关闭，因为你不随手关闭，电表上不停地动，就是把公共的财产一分又一分地白白消耗掉，出门不关灯的人也许是出于无心，但是我们必须养成随时随地爱惜公物的习惯，无心的罪过也仍然是罪过！个人做老板的团体，爱惜“私物”有老板加以细密的注意，民主团体所公有的“公产”便须人人负上爱惜公物的责任，否则，也是失德。我们大家都知道苏联是人民公有的国家，他们的法律对于偷窃个人的东西，法律上罚得还轻，对破坏乃至消耗公产的事情，法律上罚得特别重。我们既采合作办法，对于公物的爱惜也应该负着更重的责任。

此外在人事方面，我们一方面要尽力爱护干部，一方面要认真执行纪律，最主要的是大公无私，公私要分得清楚。我在上次和诸同人提过几句话：“我们大家的公共立场是以店的集体利益，以整个事业的利益为主要标准，而不该在讨论公务时以个人的友谊或爱好为标准。”其实不仅讨论时应有这样的精神，这种精神应贯穿到我们在团体中的一切言语行动。

依民主的办法，重要的事情是要根据充分讨论后，经多数的决议而执行的。决议后即须执行，如果与议者认识不够，知识不够，或有偏心私心夹在其间，尽管是多数通过，祸害还是要普及全体：是多么危险啊！我们爱护民主，尤须注意民主的构成分子，大家常常以此互相勉励。

七　热烈欢迎同人自治会小组干事会

关于同人自治会小组会的必要和希望，同事中发表意见的已不少，我们对于同人自治会小组怀着恳挚殷切的希望，对于第一次选出的同人小组的干事会，敬致热烈的欢迎，并乘此机会贡献一些意见，以供干事会诸同人的参考。

第一，干事会对于发挥民主集中精神的重大责任。我们所以要有同人小组的组织，最重要的目标，就是要更充分发挥民主集中的精神。因为要充分发挥民主的精神，所以要通过小组来充分集思广益，尽量反映同人的公意，因为要更增加集中执行的效率，所以要通过小组来充分说明执行办法的内容与意旨，使同人对于所执行的办法有彻底的了解与切实的遵行。所以，此后本店还有重要的问题，尤其与同人福利有密切关系的问题，于未决定办法前，可以先交给同人小组会讨论，由干事会聚集并整理各小组所讨论的结果，向负责人或负责机构提出，以供采择；在另一方面，此后本店遇有重要的决议或特定的关于重要事项的办法，也可由干事会对各小组详细说明，这样使民主与集中都能发挥它的最大的效用，而重要的枢纽却在领导及辅助各小组的干事会。

这当然还只是干事会任务的一部分。此外如关于工作效率的如何增进，同人福利的如何增进，自我教育的如何充实，民主纪律的如何改进与维持等等，都有待于同人小组的努力商讨与进行，也就是都有待于干事会的努力领导，在这种种事项里，也没有一项不与民主集中制的原则有着密切的联系。所以都可归纳于干事会对于发挥民主集中精神的重大责任。

第二，干事会负有充实小组内容的责任。组织必须有工作来充实它的内容，才能健全，否则组织只是一个空架子。怎样运用重要的工作来充实小组会内容，这不但要有具体的计划，而且还须时常注意把这计划在实践中表现出来，同时还须注意不断的检讨及对于错误的纠正。关于这些，当然是每组中每一分子都负有责任，但是作适当的布置与细密的规划，以及提纲挈领，高瞩远瞻的领导与督促的任务，仍须干事会以及每一干事很热心地担负起来。

第三，干事会须有充分的创造精神。同人小组办法，不但别的机关所未尝有过，就在本店也是创举，所以没有什么前例可援，也没有什么榜样可仿，全靠我们自己多加考虑。创定新的办法，解决进行中可能遇到的困难，继续不断的增富新的内容，我们对于同人小组的宗旨与原则，当然都已有了相当的认识，但是在种种具体办法方面，却好像在一块新开垦的处女地上，需要我们大家来想出最切实的好办法，使同人从这种小组里能够得到最切实的帮助。甚至对于同人小组的组织条例，如有更好的意见，也尽可尽量提出，共同讨论，倘能由此得到更好的方法，也未尝不可以更改的。没有前例可援，没有榜样可仿，也有特别的益处，这益处就是我们可以独出心裁，想出新的办法来适合我们实际上的需要，使我们进步得更快，使我们得到更圆满的结果。但是要达到这个目的，我们必须用心来想，大家遇着每一个问题的提出，必须热心地想办法；尤其是在开始的时候，对于如何健全我们的同人小组，如何使我们的同人小组能够顺利地有效地进行它的工作。每组中的每一分子当然也都有贡献意见的义务，但是干事会却负有更大的责任，却是无疑的。

我们热烈欢迎新成立的干事会！我们诚恳希望干事会是使同人小组一天天进步的发动机！

八　我们的言论机关

民主国家或团体，都注重公意的反映，所以都重视言论机关，都尊重言论自由。我们的这个小小的民主团体里，也有几个言论机关，一个是《店务通讯》，每周一次，是注重本店业务上的言论和公布的文件。一个是《我们的生活》，每月一次，是注重全体同人生活上种种问题的讨论与建设。这两种刊物都是"全国性"的。此外，还有我们的壁报，一周一次，也是我们的言论机关，不过比较有着地方性。同人对于社务和业务上有什么讨论或建议，可在《店务通讯》里发表，对于全体同人生活有什么讨论或建议，可在《我们的生活》上发表。至于壁报，在性质上是近于《我们的生活》，不过较有地方性，而且出版的距离期间较速罢了。

有了言论机关，应该采用言论自由的原则，这是不成问题的，但是所谓言论，当然不是说毫无原则，毫无范围的。

譬如在抗战建国中的中国，言论自由与动员民众工作是有着密切的联系，但是汉奸理论和挑拨离间破坏全国团结的言论，是不应该让它自由的，因为这是妨碍了整个的民族生存与进步。即在最民主的苏联，敌视或破坏苏维埃国家及劳工阶级利益的言论也是不允许的。[1]

我们的这个小小的团体，当然不能和国家相比，但是我们的言论机关在言论自由的原则下，也应有它的原则。所以我在这里指出几点来，以供同人参考。

第一，我们应以有益于整个团体及事业为前提。我们发表任何意见提出任何建议，发挥任何批判，都须想一想：这个意见，这个建议，或这个批评，是有益于我们的整个团体及事业呢，还是有害于我们的整个团体及事业呢?

第二，由第一点引申出来，我们应该注意言论的积极性。正面的建议固然是积极性，对于缺点的批评之后，同时加上补救办法的建议，也含有积极性。积极性的建议更能帮助改善与进步，这于我们所共同努力的事业是有很大的裨益的。

---

[1] 着重号处文句当年编入本书时，因环境不允许，被韬奋删去。这次照实补上。——编者注

第三，我们的事业，靠我们全体同人的共同努力，也就是要靠我们全体同人的精诚团结，所以，保持团结，巩固团结，是我们言论的另一个主要原则。换句话说，无论在主观上或客观上含有妨碍团结的言论，我们是应该尽力避免的。

第四，关于个人的批判，最容易引起人事的纠纷，当尽量移到小组会议中的当面检讨而避免文字的“笔枪”，因为当面检讨，如有所误会，当面即可说明，说明不够，当面即可讨论，容易于短期间内得到检讨的结果。不像文字上关于个别的人事的批评，要隔若干时才有答复机会，答复不满意，又隔若干时才有再答机会，很容易引起更多的误会，而且在检讨未得明确结果前，在文字上宣传，也于团结上不无妨碍，所以关于个别人事的批评，最好是在小组会议中面谈，而不随便在文字上“笔战”。这当然不是反对关于人事的检讨与批判，不过鉴于人事的易于引起纠纷，对于检讨与批评的方法加以更审慎的处置罢了。文字本来是代表语言的，既有当面讨论更易解决更快解决而又较少流弊的途径，我们当然是要利用更好的解决途径。

第五，因为要巩固团结，力避误会，所以要么讨论原则，要么讨论事实。如果是模糊的指责，引起读者的纷纷怀疑，也很易引起不必要的纠纷，于我们的整个团体及事业，也有害无利的。

第六，我们全体同人应该养成兄弟爱的精神，即对于缺点有所纠正，也应该保持诚恳的善意的态度，力避可以激起恶感的词句，这样反而易于使人心服，易于接受（同时我们当然要培养我们虚心接受合理批判的精神）。这是对于原则上说，至于关于人事的个别事情，仍以在小组会议当面检讨更为妥当。

总之，最重要的基本原则是要首先顾到整个团体及事业的利益。

九　意见的沟通

本店的管理是采用民主集中的原则，在这个原则下，同人意见的沟通是非常重要的一件事。尤其是规模较大、分店较多之后，彼此的意见的隔阂最易发生，由隔阂而发生误会，小则影响到个人的工作情绪，大则影响到整个事业的顺利发展，这个问题是值得我们严格的注意。

在本店的组织上，原有若干沟通意见的机构。例如关于业务方面，有理事会、常务理事会、业务会议、店务会议等等；关于人事及同人福利问题方面有人事委员会、同人自治会等等。在这种种会议席上，都有发表意见和交换意见的机会，我们都应努力运用来作沟通意见的有效工具。在这种种会议中所讨论及决议的事情，在可能范围内，应尽量反映到《店务通讯》及《我们的生活》上——前者是有关整个店的业务的机关志，后者是同人自治会的机关志——尽量使同人知道其中的内容。

同时《店务通讯》还须负起反映同人关于业务上的意见。这些意见，大概可分三类：（一）关于各种工作上改善的建议，合于事实需要与在事实上办得到的具体办法，把它公布出来。《店务通讯》不是纯粹的言论机关，而是本店执行者所共同参加的机关志，既是合于事实的需要与在事实上办得到的具体办法，那末不但仅将言论发表而已，同时便须在实际上付之实行。（二）如遇有同人所拟发表的言论内容，对于事实有误会，那末与该事实有关的负责人应加以解释，消除这种误会。这类解释误会的答复，可分两种方法处理：一种是个别的直接答复；一种是与原文共同发表出来。（三）如有些办法的建议，在负责者认为不能即决定采行（如认为应即决定采行，那就应该在事实上即付之执行），有提出征求多数同人意见的必要，也应该发表出来，付之共同讨论。

《我们的生活》既是自治会的机关志（在目前只能集中在几个据点，其余的地方还只能利用壁报），在自治会力量所能及的事情，也应该采用这样的原则，即在自治会可以做应该做的事情，不仅仅发表文字而已，还应该注意在事实上即付之执行。

意见的沟通，除在各种会议中及机关志中有相当的园地外，当然还不够，全体同人中任何人有意见还应具体提出，用口头或书面告诉负责人或店内相当机构，如理事会、人委会或监察会等，负责人或店内的机构即当加以虚心的考虑。如所提出的确是可以做应该做的事情，应该实行起来；如所提出的是属于疑问的问题，应该加以诚恳切实的解释；如所提出的是值得讨论的问题，应该提出来讨论。要做到这一点，我们先须提倡有办法有疑问即须随时提出的作风与习惯（无论用口头或书面提出都可以，在各地的当然可以写信）。我现在忝负本店业务上的总责，我遇着任何同事有意见提出，决不加以轻视，必能加以虚心考虑，在我职权以内可以解决的问题，必负责解决；即在我职权以外的事情，我也必能负责提交常务理事会或人委会讨论解决。我相信本店各级负责人都有这样的虚心态度，因为加强我们这共同努力事业的发展，增加我们工作的效率，以及在本店可能办到的改善同人待遇种种方面，在我们是有共同的目标和愿望，我们绝对没有理由不顾到同人的意见，不考虑同人的意见。

但在事实上我发现同人中有一部分似乎有一种习惯，就是有何意见，往往只在私人通信中说；有何不满，也往往只在私人通信中发发牢骚，而不向负责者提出，或不向店中的相当机构提出，结果是意见沟通的范围很有限，负责者很难知道；遇有误会，无从解释，遇有错误亦不易迅速改正。为加强意见的沟通起见，我觉得我们要提倡：无论何时，有意见有办法或有疑问，不仅在私人通信中说，要老老实实向负责人或店中的相当机构提出，负责人或店中的机构必能予以负责的答复。

加强同人间意见的沟通，是本店民主精神的一个重要因素，我希望全体同人共同认识这件事的重要。

十　当面和背后

在民主的环境里（这里指的是本店，下同），最重要的一件事情是交换意见，沟通意见，由此尽量反映公意。有什么优点应该发扬吗？有什么缺点应该纠正吗？有什么好办法要提出吗？有什么委曲要申诉吗？有什么事情不赞成吗？一切的一切，都须偏劳我们的这张嘴巴，把心里的意思说出来，别人是无从悬揣的。所以我们应该鼓励人有话要说，不要闷在肚子里。但在民主的环境里，所谓有话要说，也有它的相当的途径，不是张开嘴提高嗓子随处乱说，或只是在茶余饭后，或躺在床铺上未入睡乡以前，或挥毫写私信的时候，和二三“知己”的朋友们发发牢骚便算是尽了言责，因为在这样的情况之下，要说的话虽出了口，比闷在肚里算是胜一筹，但是有机会听到的只是二三“知己”之友，即令说的话是千对万对，也不过彼此付之一叹而已，有关系的负责人或有关系的领导机构，还是蒙在鼓中，无从而改善之。说的话如果是不对的，或是与事实不符的，有关系的负责人或有关系的领导机构因为无从听到，也无从解释，徒然使不正确的话语暗中传播，也许还要影响到同人的工作情绪，间接在或多或少地破坏本店的事业。无论是前者或后者，如有这样的情形存在，都是本店的损失。要避免这种流弊，我们要提倡有话当面说，不要背后说。这里所谓“当面说”的对象，尤其是有关系的负责人或有关系的领导机构（同人自治会分组当然也是“当面说”的良好场合，但是讨论有了结果之后，要发生实际效力，有许多事，还是要对有关系的负责人，或有关系的领导机构提出）。

至于参加领导机构的同事，也是要养成有话“当面说”，不要背后叽哩咕噜另来一套。这里所谓“当面说”的场合，当然是指会议的时候。会议所以成为“民主”的一个重要过程，就是因为在会议中，可由各人尽量贡献所见，由共同讨论得到一个比较合理或适当的结果，作为实行的根据。如有人参加会议时有话不说，使会议中无从得到他的贡献，却在会议以后大发议论，这是根本不忠实于民主，应该自己感觉惭愧的。

以上所提出研究的，是“当面和背后”的一个方面。但是如果我们再作进一步的研究，还可以发现“当面和背后”的另一面，那就是“当面”和“背后”的不一致。有时虽然当面说了，和背后的并不一致。试举一二例子：有一位同事曾有一个时期参加领导机构，参加讨论加薪。在开会的时候，主席将经理会同总务部拟定的名单及所附注的应加数量，提交与会者共同讨论。讨论的结果，众无异议，由与会者在单上分别签字，以示负责。会后有一位同事嫌加得少了，责问与议者那位同事，责备他为什么签字。在事实上，当开会讨论的时候，负责人对于整个经济情形有报告，对每一个同事的考绩情形也有报告，大家共同讨论之后，认为是相当合理的，所以各人都表示同意，那位与议的同事也表示过意见，也表示同意。他有话也已经当面说了，并没有表示异议。但是在会后经一位同事责备了一句，你猜他的态度怎样？他说：“我签字只是陪陪他们而已，反对有什么用！”他在“背后”和在“当面”完全不一致了。这完全是不负责任、没有肩膀的态度！如果整个领导机构中各人都采用这种不负责任、没有肩膀的态度，还能起什么领导的效用吗？对任何事如有卓见，应该在会议时当面力争，倘若当面是一种态度，背后又是另一种态度，这是不对的。

还有一个例子是有一位同事做错了事，当面对他详尽解释的结果，他在当面是自己切实认错了，同时还接受了领导机构对于此事的集体决议，但是后来他在背后却仍然不认错，仍然大发牢骚。这是另一种形式的“当面和背后”的不一致。他如果在当初认为不错，尽管提出理由，不必认错，不但对负责人个人而已，对于领导机构也可以提出理由反对负责人的意见，使领导机构根据所提出的理由加以讨论公决。再退一步说，在当时虽认错，虽已接受领导机构的决议，事后忽然发现自己并没有错，还可以向负责人及领导机构提出理由，要求复议，这都是可以的正当的手续。否则，当面是一种态度，背后又是另一种态度，这是不对的。

要实行民主的纪律，当面和背后要一致。

十一　对于同人意见的处理

我曾在《意见的沟通》一文里，说明同人意见充分沟通的重要。《店务通讯》的编者在不久以前提出三点征求同人的意见，即：（一）你对本店的组织、管理、工作各方面，感觉到什么缺点？应当怎样改进？（二）你对于本身的工作有什么感想？（三）你最近有什么新的工作计划或办法（无论是对于整个店的方面的，或是本身职责范围以内的）？最近已收到好几位同事交来的意见书，这是很可快慰的一件事。

我们一方面要鼓励同人有话要向店里的负责机构或有关的负责人讲出来——也就是所谓发表意见——有意见不要摆在肚里，也不要仅仅在私人通信里或私人谈话里发牢骚，要对店里负责的机构或有关负责人老实讲出来。一方面店的负责机构及各级负责人要重视同人的意见，所谓要重视同人的意见，不是一句空话，是要使每一个同事所发表的意见都得到考虑，都不致“落空”。如在各级负责人职权以内的事情，对于同人的意见认为可行的就应该采行，不仅仅是把它发表；认为不可行的也应该说明理由，不仅仅是把它发表；认为可供讨论的，就应该付之有关的会议中讨论，或在文字上讨论。如在各级负责人职权以外的事情，也应该把同人的意见提出于有关的机构讨论，如理事会、人事委员会、监察委员会等。这些负责机构也不应仅是听听同人的意见而已；认为可行的就应该采行，不仅仅是把它发表；认为不可行的也应该说明理由，不仅仅是把它发表；认为可供同人讨论的，也应该付之自治会干事会或各组讨论，或在文字上讨论。

所谓“不落空”当然不是说每一个意见必然可以实行，因为意见之是否可行，须经过一番考虑。但是经过考虑之后，可行即须实行，不可行亦须加以解释；对每一个意见不应忽视，必须加以考虑，考虑的结果必须让提议者知道，有为同人所谓共同知道的事情，应把考虑的结果公布，让大家知道。每一个意见都须得到考虑，都须有考虑后的结果，这是“不落空”。必须这样，才能使同人在提出意见的时候，很明确的知道他的意见如果是对的，一定有效，如果是不对的，也知道其所以然。我们不但需要言论自由，而且需要有效的言论自由。

如果同人都同意上面所举的原则是合理的话，对于同人意见处理的办法——不但对于《店务通讯》最近编者所征求的三点的意见，而且是关于以后的一切意见——便可以提出了。

办法怎样呢？具体地说，这次征得的意见可由负责人付之实行的，或须加解释的，或可提出讨论的，都须分别将原文与负责人的附言在《店务通讯》上发表；有的须交理事会或人事委员会等机构考虑的，在考虑后亦须分别将原文与负责机构的附言在《店务通讯》上发表（如遇有不必公布或不宜公布的事情，可分别径复，但在可能范围内仍以公布为原则）。

重视同人的意见，才能鼓励同人发表意见，同时也希望同人发表的意见能尽量针对着事实。

十二　店务会议的效用与权限

总处有业务会议，每两星期举行一次，由总经理或经理召集，各部科主任共同参加的；各分店也有和这个会议相类的会议，就是店务会议，也是每两星期举行一次，由各店经理召集，由各店全体同事参加的。

店务会议有许多重要的效用，试举其尤其重要的有：（一）各店负责人有机会把总处及本分店的最近的重要事项报告给同人知道；（二）各店负责人可借此提出业务上的问题征求同人的意见；（三）同人对于业务上的报告或问题有发表意见及参加共同讨论的机会；（四）各部门的负责同事得借此报告他所担任的工作，得到共同研究或纠正的机会；（五）这种会议在本店不仅是一个报告和讨论业务的机构，而且含有关于业务上的教育的意义，学习的意义，是同人教育自己，加强自己的一种学习的媒介。

各店负责人和各店的全体同人应该把店务会议视为沟通同人意见，增加同人了解，增加工作效率，商讨改善办法，补助同人关于业务的教育和学习的重要机构。《店务通讯》既是本店全部分业务的机关志，各店负责人在每次店务会议席上，应该撮举其中的要点，作扼要的报告和解释（事前当然须有相当准备），有必要时还可以加以讨论，将讨论结果报告总处，以供参考。

店务会议有它的重要的效用，已略如上述，但是它的权限也值得我们的注意。店务会议是咨询性质的机构，或只是顾问性质的机构，而不是像由选举产生的理事会或人事委员会之领导性质的机构，有“立法权”性质的机构。再说得具体些，理事会或人事委员会开会时由多数的决议，是任何人所不能任意推翻的，而店务会议所讨论的结果，却只是供负责人集思广益的参考，负责人保留有最后的决定权。例如编审委员会的组织条例中关于编审会议的决议，第一六条就明白规定：“对于编审总会之决议，主席（指编审委员会主席）保留最后决定权；对于编审总会主席之决定总经理保留最后决定权。”这表示编审会议的讨论结果也只是供负责人（此处的例子是编审委员会主席及总经理）集思广益的参考，而不含有最后决定的职权。理事会主席或人事委员会的主席对于理事会或人事委员会的决议便不能保留这样的最后决定权，他只能执行大多数通过的决议。店务会议也和编审会议有同样的性质。各店负责人在店务会议中固然应虚心倾听同人的意见，但是他对于意见的应该采纳与否，应该实行与否，仍须由他负全责，不能用店务会议来推诿的。

店务会议的这种权限，各店负责人及各店同事都有特别注意的必要，尤其是因为最近有些分店由于不明了这个权限，已不免犯了错误。例如有一个分店中有两位同事要请长假一年，征求该分店经理同意。该分店经理付之店务会议，店务会议议决允许这两位同事“先行离职，再补手续”（所谓补手续者即通知总处核定）。该分店经理即根据店务会议的决议，让这两位同事先离职他去，一面通知总处。这种处置的错误，便是不明了店务会议的权限所致。请长假至二个月以上，依服务规约是要由人事委员会核准的，就是负全店业务上总责的总经理也只有表示意见供人事委员会参考而没有决定的职权，店务会议有何权决定允许这两位同事“先行离职”？无论请长假或辞职（该两位同事对分店经理表示不能请长假，就要辞职），未经相当机构核准前，都应作自由离职论；自由离职三天以上，根据服务规约，是应该予以解职处分的。这件事的错误，尽管是该分店的店务会议所决定的，就职权说，该分店经理是要负责的。

还有一个分店，把犯了错误的同事应该受劝告或警告的问题，也依着店务会议的决定执行起来，这是用店务会议来代替了人事委员会！分店负责人把这类问题在店务会议中提出来征求大家意见，以供参考，未尝不可，但店务会议对此项事绝对没有决定的职权，分店负责人至多也只能把公意告诉人事委员会，以供参考，人事委员会仍应该根据服务规约，加以审慎议决的。明了了店务会议的权限，便不致再犯这种的错误。

我们要把领导性质的会议机构和咨询性质的会议机构分别清楚。

十三　会议中的听话和说话

本店的管理是采用民主集中的原则，我在《对民主集中的正确了解》一文里已有了扼要的说明。要实行民主，交换意见，共同讨论，是一件很重要的事情，因此会议便成为民主的一个重要手续（当然不是说一切会议都是民主的）。我们有领导机构的会议，也有咨询机构的会议，它们的差异，我以前曾经和诸位谈过，但无论在任何会议中，为交换意见，共同讨论起见，必然有听话的人，也必然有说话的人，这似乎是不消说的，但是实行民主所需要的最主要的一种修养，就是参加会议者对于听话和说话，都应有正确的态度。

店务会议是我们所有的会议的一种，它的效用和权限，在本刊上也曾经有文说明过。各分店对于店务会议都能够给予适当的认识和重视，但据我所知道，还有些地方的店务会议，竟不免“闹意见”，我觉得这大概是由于在会议时对于听话和说话的正确态度，还缺乏充分的认识和修养，我希望同人对于这一点都能加以深切的注意，使会议的效率已经好的更进步，会议的效率较差的也能迅速加以纠正。

在会议时，听话的人须预先存着虚心倾听他人意见的宽大胸襟，尤其是对于和自己不同的意见，要预先存虚心倾听的宽大胸襟，这是较重要的一点。人之常情，喜欢顺己的意见，厌恶逆己的意见，于是听到和自己主张相同的意见固无问题，听到和自己主张不同的意见便很容易不高兴，甚至抛开所讨论的事而移到对人，觉得你反对我的意见就是反对我，于是进一步认为你是有意和我为难，认为你和我是冤家狭路相逢，有了这种的成见，事的是非反被抛到九霄云外，个人的意气之事却被抬到第一位！倘若有这样的情形，安得而不闹意见？要避免这种不合理的现象，听话的人须彻底明了：（一）正是因为要交换意见，所以需要会议；倘若意见不许不同，根本用不着会议，因为根本用不着交换。（二）要把对事和对人分清楚，听到别人赞成我的意见，要听听他的理由，听到别人反对我的意见，也要听听他的理由：全以事的是非为对象，千万不要把对于事的赞成与否，牵涉到个人的面子上去。我们所尊重的是讲是非的朋友，绝对不是闹个人意气的朋友。你听了别人反对你的意见，你应平心静气的想一想，如认为你的主张仍是对的，应该诚恳地说服大家，用不着动气，如认为反对你的意见是对的，你应该爽爽快快地接受反对的意见，不要固执着自己的已经知道是错误的意见；这才是光明磊落最可敬重的朋友，不但不失面子，而且最有面子！

在说话的人方面，也有几点应该注意：（一）依民主的原则，在一件事决定以前，尽可尽量发表意见，但这不是说话的人就尽可随便胡说八道或盛气凌人，予人以难堪，却须说出合理的话，用善意的态度对所讨论的问题作诚恳的针对事实的陈述。（二）也须注意事的是非，而勿存着对人的成见。如果存着对人的成见，只要是我所不愿意的任何人提出的意见，我都要反对，这便是闹意见的张本，完全失去了会议的意义。（三）赞成或反对某件事或某种意见，应该根据是非，根据自己对于该事或该意见慎重思考的结果，应该赞成的赞成，应该反对的反对，而不必以无事不反对为得意。有些人误会赞成与反对不须根据事的是非，而只以敢于反对为可贵！应该反对的敢于反对，这是可贵的；不应该反对的也敢于反对，这便是一件很糟糕的事情！应该不应该的根据，是在事的是非，而不是抛开事的是非而专讲胆子的大小。常语有所谓“胆大心细”，胆大心细是可贵的，如果胆大心粗，那只适足偾事，不但无可贵，而且是应该极力避免的。

依民主的原则，任何事在决定前应该充分发表意见，交换意见，充分讨论，但是一经多数议决（在咨询机构的会议则应由负责人作最后决定），无论原来是赞成或反对的人，都应该服从多数决议，不应有什么闹意见或捣乱的行为。这也是民主的纪律，是我们所应切实认识的。

关于干部与待遇

一　主持事业最主要的基本态度

主持事业最重要的是在用人，所谓“干部决定一切”，所注意的也重在这一点。当然，这里所谓“用人”，是广义的；凡关于物色人才，培养人才，爱护人才，提拔人才，分配人才，督察人才乃至奖惩人才，都包含在内。

对于用人，最主要的基本态度是大公无私，是非明辨。这句话听来好像是老生常谈，但如把“理论与实践”联系起来，仔细研究一下，便知道在实践上决不是一件很容易的事情。

要真能做到大公无私，是非明辨，最重要的须能根据事实，注意理智的考虑与判断，而不可夹以私人的感情作用。

试就社会中一般的情形看，有些机关的负责人喜欢援用亲戚，往往舅老爷表老爷一类的人物充斥其间，结果终是害多于利。中国古话于“大义灭亲”之外，还有一句叫做“内举不避亲”。人才随处都有，说在亲戚里面就绝对没有人才，这诚然是过于武断的话，但是就社会中的实际情形留心观察，任何机关舅姥爷表老爷一类的人物多了之后，往往糟糕的可能性大大增加！症结所在，就因为偏重了私人的感情，不能很虚心地根据事实，纯用理智来考虑和判断。别人做的错误的事情，在舅姥爷表老爷做了，便不算错误！这样一来，事实不在乎，理智可撇开，所存在的只是私人的感情作用。所以我向来不赞成在自己主持的机关里用自己的亲戚。自己的亲戚里如有人才，情愿让他在别人主持的机关里去发展。本店同事自二三人发展到二三百人，我从来不肯介绍自己的亲戚。（即有一二也不是在我负责时期用的，而且也不是由我介绍的。）这是因为我在社会中看见了不少关于这方面的流弊，所以自己极力避免。本店不久以前，人委会订有回避规则，部科负责人在部科内不得用直属亲（包括兄、弟、姊、妹、夫妻等）；直属亲不得管理银钱，这也含有避免私人感情作用的用意。

除了亲戚关系私人感情容易妨碍到大公无私的用人态度外，还有一个障碍物，便是私人的友谊。友谊原是天地间最可宝贵的东西，但是如因私人的友谊而妨碍到是非的明辨，由此妨碍到大公无私的用人态度，这却要不得的。倘若一个人对于友谊特别好的同事，即令他犯了错误，也要替他多方辩护，至于有了一些优点，便替他夸张到天上去；对于友谊不大好的，甚至情感不好的同事，即令他有些功绩，却要极力埋没它，或至少要减低它的估量，至于他有了一些错误，那就非把他说得“罪加一等”誓不甘休！这样一来，好像一把秤不能表现在上面所称量的东西的轻重：原是重的，给他减轻；原是轻的，给它加重，这不是负责者用人的态度。负责者的用人，应该只问事实，对的还他一个对，不对的还他一个不对；也许同一个人有对处也有不对处，都须根据事实，很客观地给他一个评判。这样才能使真有特长的同事不致埋没，也不致使并无特长的同事却加重了责任，使他负荷不了。如有这两种情形，都不是一个机关之福，都是这个机关里事业发展的障碍。

这种对于人事方面的大公无私，是非明辨的精神，必以事实为根据而不以私人的感情为标准，这是主持事业者主要的基本态度。这里当然不是说我们同事间不可有感情，不可有友谊，我们需要有诚挚的感情，我们需要有深厚的友谊，但是我们同时是共同努力于文化事业，为着整个事业的发展，我们却不可不注意这种最主要的基本态度。也许有人在主观上没有自愿违反这种基本态度的，但是私人感情之作祟，常在下意识中作怪，使上着它的老当的人不自觉，所以我们必须常常自觉地坚守这种基本的态度。我们要常常很虚心地、很客观地顾到事实，不要以私人的感情影响到理智的考认和判断。

这种态度，本店同人尤其要人人普遍地加强培养起来，因为本店同人对于一切店务均可参加意见，对于人事方面，也可以参加意见，而且还参加选举，对于人选的考虑，对于人选的考察，在在都和这基本的态度要发生密切的关系，在这个意义来说，每一个同事都是处于负责的地位，所以每一个同事都需要彻底了解主持事业的最主要态度。

二　爱护干部与维持纪律

“干部决定一切”，这是句颠扑不破的至理名言。凡是真知爱护事业的人，没有不诚心诚意地爱护干部的。

本店是合作的事业，每个分子都是这合作事业的主人翁，每一个主人翁对于这个公共的事业都很关切，所以对于这公共事业所依靠的干部，也是要诚心诚意地加以爱护。

怎样爱护干部呢？这是需要订有种种的切实办法，切实执行。我们对于这方面虽然已有种种办法的规定，但是还需要充实，需要补充，需要改善。关于这种种工作，当与人事委员会及全体同人共同继续努力。我在这里先提出若干原则来与诸同事商榷一下。

第一，我们要注意干部的需要与困难，需用最关切的态度，尽力帮助解决。当然，我们所处的社会还不是“各取所需”的社会，我们也不可能做到“各取所需”，我们这个的集团不是万能的集团，也不敢说能解决一切的问题。但是比较的说来，只要我们时常注意到这件事，相当的帮助办法不是没有的，我们应当尽我们最大的努力与可能。

第二，我们要注意教育干部，使他们的天才能获得最大限度的发展：他有十分才干，我们要他的十分才干都发展出来；他有百分才干，我们要把他的百分才干都发展出来。我们要不让他的天才有一分一毫埋没掉。

第三，我们要注意分配工作干部以最适当的工作。

第四，我们要注意保护并增进干部的健康。

第五，我们要注意提拔干部。

第六，我们要注意奖励干部。

第七，我们要注意使干部能有机会尽量贡献他的意见，并须虚心考虑他的意见。

第八，我们要注意使干部没有内顾之忧与后顾之忧。我们不但要顾到干部个人，也要顾到他们的家属。

以上只是几个原则，在每一个原则之下我们都应该有许多具体的办法。

但是，爱护干部是为着共同努力于我们的团体事业，一切须以有益于我们的团体事业为前提，由此可以看出爱护干部与维持纪律不是对立的，而是为着同一的目标：都是为着发挥光大我们的团体事业。

但是我们的维持纪律也有我们的特点。我们的管理制度是采用民主集中制，所采用的是民主的纪律。所谓民主的纪律，是它的原则不是一二人所任意决定的，是根据公意决定的，由公意决定了原则，负责的机构只是根据这个原则来应付具体的事实。例如我们最近处理某些同事犯规的事情，经过将近一年的调查，经过最高机构全体同事的数小时的讨论，经过最高机构全体同事的议决，现在将决议案公布之后，受处分者如能举出强有力的反证事实，仍有申辩的权利，最高机构仍当加以虚心诚意的考虑，倘认为有反复之必要，我们仍应该毅然照办，绝对不存丝毫成见或文过饰非的心理。我们所执行的是民主的纪律，如果有什么错误，不但监察委员会可以监察，全体同事都有监察之权，因为根据我们的章程，这种权利是没有问题的。

我在上面已郑重地说过，在我们这个集团里，一切须以有益于我们团体事业为前提。我们团体的信誉，我们团体的财产，我们团体的工作纪律，我们团体对于国家民族乃至人类的贡献，都是我们大家所要共同爱护与保障的。我们须爱护干部，为的是团体的事业，所以我们一方面要尽量发挥互爱互助的精神，同时对于侵害我们团体事业的行为，轻则努力纠正，重则只有根据民主的纪律原则，经过领导机构的决议，加以比较严重的处分。这当然是我们不愿有的事情，是很不幸的事情，但是如果有了，我们却不得不为团体的事业而忍痛执行民主的纪律。

我们为着团体的事业，要努力爱护干部，同时也要努力维持纪律。

三　慰问散处各地的本店同人

最近看了许多由散处各地的本店同人寄到的《工作人员工作与生活调查表》，得到很深刻的印象，引起很兴奋的情绪。尤其宝贵的是，许多同人在这个表上所提及的关于本店及个人的种种问题的意见。总处对于各地寄到的表，都已经继续根据所提出的问题，予以相当的答复，大部分已分别寄出了，还有一小部分仍在继续答复中，不久即可告一结束。自抗战爆发以来，本店因应抗战文化上的需要，从两个分店扩充到四五十个分支店，于是本店同人也由极少数的据点分散到许多地点；因抗战期间交通的不便，环境的不安定，为前进文化事业而共同奋斗的同人，工作也愈益艰苦，这是值得感念的。我首先要对散处各地的本店同人致最诚挚的慰问。

关于散处各地的同人所提出的种种问题，已在复信中分别答复解释，这在上面已说过。我现在于竭诚慰问之余，愿再就感想所及，扼要地提出几点来和同人谈谈，以期彼此共勉。

第一是加深对于本店整个文化事业的认识问题。本店同人对于本店事业的意义，都已有了相当的了解，这是不成问题的，但是因为抗战期间交通的不便，干部人才的不够，业务的紧张，见面倾谈的机会太少，尤其是在比较地处偏僻、信件迟缓的地方的同人，对于本店整个工作计划、最近实况及光明前途，也许不甚清楚，因此容易发生消极或苦闷的心理，把日常工作看作只有机械的性质，无形中发生厌倦的情绪。其实在加深对于本店整个文化事业的认识之后，即在开清单发票的简单工作中，即在偏僻区域的寂寞的工作中，都可以感到其中含有深远的意义，都可以感到所流的一滴汗，所费的一分钟时间，都在推进中国前进文化的总巨流中构成一个重要的成分，而不是不值得重视的。

第二是努力顾到同人的进步与生活的问题。本店同人都是有志向上的英俊青年，都是各有着他的光明的前途，都需要在进步——知识进步、能力进步等等——方面有更多的机会，本店在这方面虽也有些组织，如自治会所组织成的读书会之类，但当然是很不够的。我们须尽可能增加这增进知识与能力的机会。我想最好在各分店能布置一个同人图书室，如地方不够，暂时也应先实行同人借书的办法，每种新书专备一本，作为同人借阅之用，有人专司其事，仿照图书馆借书的办法，有记录，限定多少时间要归还，以免妨碍他人借阅。此外关于尽可能增加同人的进修时间（同时在办公时间也当注意能力的训练，即在实践中学习），以及酌量资助同人求学的办法等等规定，等到营业收入及经济能力办得到的时候，都须努力办到。有人觉得在比较偏僻的地方服务，孤陋寡闻，于个人的进修上，不无缺憾。这一点当然也有相当的理由。但是偏僻的地方更需要文化的推广，工作意义更重要。个人的进修，除在应付实际环境及推广文化上也可获得经验外，书报寄到虽比较迟缓，也还是可有阅读的机会，等到干部人才相当充实，隔若干时酌加调动工作地点，换换空气，可以相当补救这种缺憾。但这只得在可能范围内努力。在目前，希望同人顾念工作的意义，加以相当的忍耐。

关于同人生活，个人的以及家属的，目前的以及将来的，我们都应该尽可能地努力改善，在目前虽尽可能地先顾到最迫切的需要，但不应以此为满足，必努力更求改善。例如结婚后的家用津贴，儿女的教育费等等，都应该有规定的办法。至于个人的需要，当然也须随着本店经济的进步而努力改善。

第三是努力反映同人的公意，增进同人意见的沟通。关于这一点，本店同人有一个非常可以宝贵的优点，就是“知无不言，言无不尽”，使大家彼此知道彼此的意见，有交换和讨论的机会，但是仍然还不够。为着加强同人间意见的更充分的沟通，为着加强各分支店和总处的更充分的沟通，原已决定实行视察制度，中间因人力分配不易，未即迅速实行，最近觉得此事实有迫切的需要，已决定在最短期间实现，同时，仍希望同人对于本店整个事业，以及各个人的特殊问题，随时提出意见，我们必须加以虚心的考虑，共同设法，尽最大努力来解决我们所应解决的问题。

四　干部间的互相爱护

“干部决定一切”，爱护事业，即爱护干部，这是无可怀疑的真理，是我们应努力实行的。但是干部既为事业的基础之一，爱护干部不仅是各级负责人所应切实注意的事情，即在干部彼此之间，也有切实注意互相爱护的必要。对于干部间相互爱护之道，当然有许多要点可以提出来研究，例如互尊、互助、互勉等等，都可以很具体地提出来研究，使互相爱护之道做到格外圆满。但是在这篇短文里，我却要根据目前感到需要纠正的缺点，就干部间应该互相爱护的原则，提出来一说，希望大家注意，极力加以纠正。

这缺点是我曾经屡次提及，但至今似乎还在相当广地流行着，那就是有什么话不肯当面说，不肯向有关的负责人或领导机构说，却喜欢在背后说闲话！关于这个缺点，我以前曾举过一二例子，现在不妨再举一个较近发生的又一个例子。有一位同事因为负责较重要，总处根据新的环境，对某些营业有新的布置，在布置上有紧急晤面的必要，决定请他乘飞机来渝。飞机费当然是相当浩大的，但是总处对这点并非没有考虑到，办法是由他带些文具来，在渝出售之后，可以相当抵偿旅费的损失。现在这些文具事实上是已经售卖出去，所以这件事在实际上节省了不少时间，达到了紧急晤商的目的，而在经济上并没有加重店的负担。这完全是总处决定的办法，这位飞渝的同事只是遵照总处的嘱咐办理。这种布置如有不当之处，责任完全由总处担负，这位同事是不必负责的。但是有些同事不明白此种情形，认为某同事飞来飞去，用费太大，既不向总处负责人提出询问，也不向负责机构如理事会提出询问，却在背后大说这位同事的闲话。这位同事听了之后，无故受人背后说闲话，当然引起很大的愤懑情绪。这类事件如果多了，必然要使受冤的同事在工作情绪上发生不良影响，间接便影响到本店事业。

从好意揣测起来，某些同事肉麻旅费之大，未尝不可以说是为着爱护公帑而说的，原亦未可厚非，但是在总处或其他各级负责人处理业务，除与该项业务有直接关系的同事接洽，势不可能也不必要对每一同事面告之，所以任何同事有何怀疑的问题，尽可提出，向有关的负责人或领导机构询问，而不应该抛开这条轨道而在背后说闲话。否则，尽管动机也许未可厚非，而在实际上，却等于攻讦，等于挑拨离间，使事业受到打击——并没有两样。在事业上因为有些同事喜欢在背后说闲话，已加强有些干部的离心力，已是无可讳言的事实，这实在是使爱护本店事业的人所共同感到痛心的。说我们对于干部教育做得不够吗？这当然也是事实，是我们所要加紧努力改善的。但是奉劝同人，有话当面说，对有关负责人和领导机构说，而不要背后说闲话——仅就这一点而论，我在《店讯》上曾经一再为文说明，自问并没有放松，但说明尽管说明，这种缺点仍然未能完全消除，这是非常抱憾的事情。所以我现在仍不惮烦地再把它旧话重提，希望同人有则改之，无则加勉。

我们大家是共同努力于进步的文化事业，我们同人的工作，比别家辛苦，报酬却比别家微薄，所赖以支持全体同人的工作情绪，全恃我们大家有着精诚团结的精神，存着互相爱护的精神，否则谁没有其他工作的机会，一定要在这里受微薄的报酬、做这辛苦的工作？要精诚团结，首先要使同人之间不要受到不必要的精神上的打击，做负责人的、做领导机构的，对于干部固然要爱护，即在干部与干部之间，彼此也须互相爱护；爱护之道多端，但有话当面说，不要在背后说闲话，是目前最须注意的一件事。

干部是不易培养起来的，是不易请到的，如“放冷箭”一个一个的“放掉”，实在是莫大的罪恶！

五　中坚干部的重要

“干部决定一切”，这句话大家是听得烂熟了，但是最重要的还是这句话的实践。

所谓领导，绝对不是一个光棍所能办到的，必须要有干部——真能切切实实干的干部——把所定的方针和方案真能切切实实执行起来；所谓领导，不仅是考虑方针，起草方案，发通告，下命令，同时还要能物色干部，提拔干部，指导干部，看着干部把所定的方针和方案真能切切实实的执行起来；执行的过程中需要督促与检查，执行以后还需要检讨与赏罚分明。这整个过程都是在领导工作的范围以内。

事业的内容愈广愈复杂，领导工作愈不易做，因为负较重要责任者愈须有知人之明，有用人之能，也就是必须能布置得力的干部。事业规模愈小，要做的事项也就比较少，同事做得不好，主持者可以随时自己动手，这种处理事务也比较简单，那可以说是不一定“干部决定一切”，而是可以把“自己的一双手决定一切”；但是事业规模较大，要处理的事项多，主持者如只是“自己的手决定一切”，那无论如何是干不了的，所以除自己努力以外，必须注意干部的布置，使各有专责，依责任而加以公正的考绩与奖励。

我曾经听说有的分店经理因同事不得力，便把同事应做的事放在自己的手里做，这样反而妨碍他在经理职权上所应尽的责任。这在得力同事一时物色不到而事情又不宜暂搁的时候，这样经理的不怕艰苦诚然是可敬的，但是如果这样情形成为经常的状态，那便成问题而急须设法补救的。一个据点的负责人最重要的是能提纲挈领，照料到该据点的全局，同时要能用人，也就是要能布置干部，把各部门的职权，好好地安顿在执行各部门工作的干部身上，而不是“事必躬亲”所能处理得好的。我们要注意把“干部决定一切”来代替“自己的一双手决定一切”，这里的意思当然不是提倡自己可以懒着不干事，只是说明有组织地善用干部的重要。至于自己对于本身职权上应该做的事情，当然要尽最善的努力。

全体同事原来都是干部，但是尤其重要的是中坚干部，中坚干部能得力，全体同事都易于有成绩，整个事业也易于上轨道。所谓中坚干部，是指在工作上负责较重的同事，例如总处的各部主任，各分店的经理及课主任，各据点的自治会干事等。全体同事都重要，而这一群负责较重的中坚干部，尤其重要。因为他们是全体同事中的中坚，应该要起模范作用。

在业务的分配上，我们早就有了上述的岗位，如部主任，分店经理，课主任，自治会干事等等，为什么还要把“中坚干部的重要”这个课题郑重地提出来呢?

我的意思是要由于指出“中坚干部的重要”，请大家特别注意中坚干部所应负起的任务，而不致身处“中坚干部”的地位，而在事实上并不十分意识到自己任务的重要。曾经有一位分店的经理，本身就违背了店的规章，假公济私地做生意发财，而且“领导”着好些“同事”共同做着违背店章的事情！这样离心的现象，表示身处“中坚干部”地位的人，有的反而大做其不是“中坚干部”所应做的事！幸而这类事极少，不然的话，“干部决定一切”，竟成为“干部破坏一切”了！

除了这极少数的离心现象外，最大多数的同事都忠于事业，这是我们大家所感到最安慰的。但是身处“中坚干部”

地位的人，对于“中坚干部”所应负起的重要任务，是否都有着深刻的认识，这一点却值得我们大家来认真检讨。

首先我们要研究的是什么是中坚干部的任务。就职务方面说，部主任的职权是什么等等，是大家所知道的，但除了这些业务上的职权范围所应做的事之外，关于中坚干部所应注意的任务，还有几个共同的要点，请俟下次再谈。

六　中坚干部应有的几个共同点

我曾经在本刊上和诸位同人谈过中坚干部的重要性，本文要研究中坚干部的几个共同点。

第一，中坚干部对于事业的意义应有特别深刻的认识。就本店的事业说，就是对于进步的文化事业的意义应有特别深刻的认识。我们这一群工作同志，不是由于封建关系而聚集，也不是为着升官发财或追求个人私利或享用而聚集，我们的聚集是由于认识进步的文化事业对于抗战建国，对于中国大众，乃至对于人类前途，有着广大而深远的贡献，值得我们含辛茹苦，鞠躬尽瘁。尤其是在异常艰苦的环境中，在生活困难、利诱随处向着我们进攻的时候，我们的文化事业能够排除万难，艰苦支撑得住，就全靠有一群对文化事业意义有特别深刻认识的中坚干部，手携手，背靠背，共患难，同生死，在狂涛中构成中流砥柱的坚强堡垒。

第二，中坚干部对于工作技术应有特别熟练的能力。我们是为文化事业而努力工作的同志，我们仅仅对事业有深刻的认识还不够，同时还须把工作做得好，在工作上起模范作用。中坚干部所处的地位是“锁钥的地位”（在英文为Key Position），他负有组织和分配，观察和协助一般同事的核心责任。他的工作技术的优劣，不仅影响到一人的工作，却要影响到他所主持的一部门或一据点的整个部分的工作，在整个事业中的比重，显然是非常重要的。

第三，中坚干部对同人应有意识地负起参加领导的工作。我曾经说过，所谓领导，并不是仅仅由最高机构或总负责人发一道命令，或公布一个方案，或发表一篇文章，就算了事，必须根据命令、方案或文章，有一群中坚干部聚精会神看着它彻底执行起来，使一般同人对于方针或办法都能彻底了解，了解后都能彻底执行；这种工作也是领导工作的重要部分，必须有一群中坚干部来认真参加的。任何方针或办法，最高机构或总负责人必须设法先使中坚干部得到彻底的了解，处于中坚干部地位的同事对于店的方针或办法，亦须努力求得彻底的了解，由这一群中坚干部做核心，普及到全体同事里面去。中坚干部对于店的政策或办法，当然可以贡献他们的意见，同时还要把同事间正确的意见迅速反映到最高机构或总负责人方面去。这些意见如属正确，最高机构或总负责人应该迅速接受，如不正确，也应该详加解释，使中坚干部免除误会。最高机构或总负责人和中坚干部之间的这种沟通是非常重要的，因为都是要共同参加整个部分领导工作的。最要不得的是中坚干部有意见不向最高机构或总负责人贡献，同事间的正确意见也不迅速反映到最高机构或总负责人方面去；不仅此也，由于他们自己根本未彻底了解店的政策或办法，不但没有能力纠正同事间的误会或不正确的意见，反而做“群众的尾巴”，跟在后面一起嚷着！这样一来，处于中坚地位的干部，不但不能参加领导工作，使店的方针或办法得到全体同人的彻底了解，得到全体同人的忠诚执行，反而酿成种种障碍，在客观上实际上破坏店的方针或办法，破坏店的领导工作，不但不能团结全体同人于店的事业的周围，反而酿成离心力，减低同人的工作情绪！这种严重的现象，目前在我们店里当然还没有，但是我看有些据点的同人刊物，在中坚干部领导之下，还可以发现不少对店的误会或不正确的意见，我深深感觉到中坚干部的任务是有努力充实之必要的。

领导工作当然包括对同人的教育工作或说服工作，这种经常要做的工作，也是中坚干部所要注意的。例如《店务通讯》上的重要意见或办法，中坚干部须先有彻底的注意与研究，在店务会议中须将要点提出请同人注意，或交换意见，或加以讨论。在交换意见或讨论的过程中，中坚干部对于一般同事便有领导的作用，这整个过程便含有教育或说服的意义。这样一来，《店务通讯》上的重要意见或办法，便不只是留在纸面上，而能深入于全体同人的意识之中。这只是举一个例子来说。不但店务会议，如同人自治会干事会等等会议的场合，都是中坚干部教育同人的机会；如任何新的方针，或办法的通告，都是中坚干部教育同人的材料。处于中坚地位的干部，必须有意识地，深刻地感觉到自己有着这样的重要的责任。我在上面提出了最主要的三个共同点，为中坚干部所必须具备的，当然全体同人倘若个个都能具备着这些特点，那就更好，这样的机关必然是“所向无敌”的！但理想是理想，事实是事实，我们有着这许多同事，加入事业的时期有久暂，对事业的认识有深浅，学识经验的水准也不会没有差异，尽管人人可以逐渐进到较高的阶段，但在事实上不得不特别加重中坚干部的责任，由此做核心来加强店的组织，增加店的效率，克服店的困难，发展店的事业，为中国、为人类的进步文化事业奋斗到底。

我们要重视已有的中坚干部，我们要爱护已有的中坚干部；我们要培养未来的中坚干部，我们要提拔未来的中坚干部。

七　各部门中的中坚干部

我们重视全体同人的工作与任务，每一个同事的健全与否，与整个工作都有影响，因为整个工作是每一个同事的工作集合而成的；但是就组织上说，中坚干部实占有很重要的位置，值得我们的深刻注意与有意识的培养与加强。关于中坚干部的重要性和任务，我在本讯上屡有文章发表，想诸位同人都已看到了。最近经过进一步的研究，觉得在这件事上还需要相当的补充和说明。

我在以前曾经说过，身处“锁钥地位”的同事都应该是中坚干部。所谓“锁钥地位”是指在职务上负着较重责任的同事，如总处各部科主任，各据点的分店经理、各课主任，以及各地同人自治会干事会等等。这种说法是正确的，但是还不够，因为身处“锁钥地位”的同事固然都应该是中坚干部，而中坚干部却不限于身处“锁钥地位”的同事，同时在各部门的一般同事中还应该有中坚干部散布着。这一点补充，在实际上是相当重要的。

就单纯的职务意义来说，身处“锁钥地位”的同事，和各部门中的一般同事，职务上的责任虽比较有轻重，而其为“同事”则一，“同事”和“中坚干部”究竟有什么重要区别呢？有，具有所担任的职务上所需要的技术和经验，都可以做该项职务的“同事”，但未必就可以做“中坚干部”，因为“中坚干部”除了对于所担任的职务上所需要的技术和经验之外，还须具有中坚干部所应有的条件，例如对于文化事业有深刻的正确的认识，对本店的组织和历史有清楚的正确的了解，对于我们所共同努力的事业有忠诚的热爱，有高度的奋斗精神、努力精神、吃苦精神、牺牲精神（牺牲小我以保卫团体，不是牺牲团体利小我）、共患难的精神，为本店虚心教育同人（包括工作上起模范作用），为本店真心爱护同人，为本店时常注意弊端的消除、事业的改善等等。

我们当然希望每一个同事都能成为中坚干部，但在事实上因认识有深浅，训练有先后，参加有迟早，志趣有浓淡，我们必须先注意已有中坚干部条件的同事，使他们在整个店的组织中负起“中流砥柱”的任务，使他们成为这文化堡垒的“钢骨”，不但可与共安乐，也可以共患难。我们不但要使身处“锁钥地位”都应该是这样的中坚干部，同时在各部门一般的同事中也应该分散着这样的中坚干部。

我们认识了中坚干部与事业的重要关系，平时便应该特别注意中坚干部的培养与提拔，特别注意中坚干部的布置与联系。

每一据点有了中坚干部的参加，那一据点就稳得住，每一部门有了中坚干部的参加，那一部门就稳得住。每一据点或每一部门中所参加的中坚干部为数愈多，那一据点或那一部门就更健全，工作效率当然就更增加，对于店的事业当然就更有伟大的贡献，也就是对于中国的整个文化更有伟大的贡献。

我们已经在这件事上不是完全没有顾到，在各据点中或各部门中也不是没有中坚干部存在，但是由于近来逐渐发现的某些弊端，使我们深深感觉到我们在这方面做的还太不够，所以需要我们提高警觉，加紧改善。

进步的文化事业是很有意义的事业，但却是很艰苦的事业，非有一群有决心为着事业排除万难与艰苦搏斗的中坚干部，是很难坚持的。本店是在十几年的艰苦中奋斗出来的，我们当然已有了我们的中坚干部——能够艰苦奋斗、百折不回的中坚干部，这是我们可以自傲的无上光荣的事情。但是同时也无可讳言，在我们千辛万苦的作战过程中，有局部发生令人痛心的现象，但是我们并不因此而灰心或消极。我们深信，进步的文化事业有其伟大的贡献，有其无限光明的前途。我们必须而且必能排除万难，向前迈进！

我们所可以欣慰的是最近对于我们的事业，对于重要的据点，因努力整顿已大有起色。我们当继续努力，再接再厉！我要在这里对我们的中坚干部致最诚挚的敬礼与希望！

八　对于奖励劳动英雄的正确的认识

总处和渝店全体同人于十二月六日晚（二十九年）联合举行了一个“劳动英雄授奖典礼”大会，这是在本店发展史上最有意义的一件大事。关于这件大事的内容和意义，有使每一个同事都能彻底了解的必要。由于有许多同事散处在各据点，不可能聚会于一堂，所以不得不借文字作沟通的媒介，本期本刊上有几篇文章关于这件事的记述和研究，就是因为这个缘故。即在渝地的同人曾经躬逢其盛的，对这件事的正确的认识再加一番思索，也是很有意义的。

关于这件事的正确的认识方面，我要在这里很扼要地提出几点，以供同人的参考。

第一，我们这次奖励的劳动英雄董文椿同事是站在他的岗位上有了很充分的努力。我曾在本刊上屡次说明中坚干部的重要性，并在上期一文中说明各部门工作中都须尽量散布着中坚干部。这样每一个同事在他的工作部门中所占的岗位上，都有担负中坚干部的任务的可能性。董同事的岗位是一个社工的岗位。在这个岗位上，他在事实上尽了最大的努力和贡献，在行动和工作中充分表现了对于店的忠诚和对事业的热忱。就全体同人中各种职务说，职务的重要性当然有比董同事的职务更大的，倘若有人认为这样热烈的奖励一个社工，似乎不免“夸张”，这是根本错误的观念。我们并没有“夸张”董同事所处的岗位，也没有“夸张”他的职务，却正是对准着他所处的岗位和所担任的职务，重视他在本岗位上有了很充分的努力。

第二，我们奖励这位劳动英雄，是完全根据了众所周知的事实。关于他的种种事实，本店总经理徐先生在本期有一篇专文叙述，请同人参看。这种种事实是许多同人所共见的。他的行动和工作，是否对于店有着最高的忠诚，是否把店的利益放在第一位，是否在他的岗位上尽了最大的努力和贡献，都是根据事实下判断的。事实胜雄辩，有了确凿的具体事实做根据，便不是“夸张”，这一点是很明显的。

第三，我们要从特殊的岗位和具体的事实中，抽出原则来作为同人的借镜。这位劳动英雄有着他的特殊岗位，有着他所担任的职务，有着他所表现的种种事实，但是我们奖励这位劳动英雄，并不是鼓励大家都来站在他的同一的岗位上，都来做着他所担任的职务，都来表演他所表现的同一事实，这种机械的看法同人中是不会有这样想的。我们所要注意的是要能从特殊的岗位上和具体的事实中抽出原则来，作为同人的借镜。我在举行授奖的那一晚，曾经强调这位劳动英雄所充分表现的两点，即公而忘私和艰苦奋斗的精神。这两种可贵的精神，我们都可以从他所表现的种种事实中看来。我们工作上的岗位尽管有不同，所担任的职务尽管有差异，但是公而忘私和艰苦奋斗的精神却可以而且应该渗透到我们全体同人的行动和工作里面去。

第四，这位劳动英雄只是本店同人的代表型，而不是我们唯一的劳动英雄。我们的全体同人都是在艰苦奋斗中过生活，我们有无数的劳动英雄。以前我们对于有特殊成绩或贡献的同事，也曾经屡次有过奖励，即在徐先生所提起的去年总处在轰炸火焰中全体动员的同人中，也有过五人得到“生活奖状”。在举行典礼的那一晚，李公朴先生说，只有在许多劳动英雄一群中（指本店全体同人）才能产生出我们所奖励的这位劳动英雄来，如在别的不很合理的机关里和另一种同事的一群中，董文椿同事虽要起劲也起劲不起来！我觉得这几句话是值得玩味的。最使我感动的是我在那天晚上尚未致词的前数分钟，除了本店准备给的奖金百元外，有许多同事自动地凑集了另一百元的奖金！我们在有些机关里，每看到他们对于特别努力的同事只有妒忌倾轧，谁来自动凑集奖金？这真是我们传统的亲爱精诚的“生活精神”，必须在这样的环境和气氛中，才能产生劳动英雄！我们在事实上有着无数的劳动英雄，我们这次所奖励的这位劳动英雄只是在一定时期中被我们大家推出来做个代表罢了。我深信这也是根据事实，一点儿没有“夸张”的。

第五，我们的奖励劳动英雄是出于集体的公意，这一点尤其富有光荣的意义。董同事的忠诚努力，在同事中（尤其是在渝的同事）几乎有口皆碑。理、人、监联席会议的常务委员会根据公意，检讨事实，经过审慎的讨论，才公决举行奖励这位劳动英雄。最高领导机构对于这件事的决定是经过审慎的考虑与手续的，同时总处的同人自治会也以见闻较切，也通过决议赞成此事，并推举代表出席致词。上述同人自动凑集奖金，也是公意的一种表现。

第六，对于劳动英雄的奖励，应能发生一种运动的意义，也就是应该发生一种教育的作用。茅盾先生在那天晚间曾举斯泰哈诺夫运动的例子勉励我们，我们当然感到惭愧，但是我们这次奖励这位劳动英雄，一方面是鼓励他继续奋勉，一方面当然也希望更能唤起同人的注意，加强我们大家对于事业的忠诚，对于工作的努力，对于公而忘私与艰苦奋斗的实践。教育和“麻醉”是截然不同的两件事。我们所努力的是为着进步的文化事业的发展加强对于同人的教育，而不是另有私人企图的“麻醉”，这是可以从本店的组织和事业上看得清楚的。对于奖励劳动英雄有着正确的认识，也是我们同人教育中的一个重要部分，所以我不惮烦地加以相当的说明，希望同人加以深切的注意。

九　关于工作报酬的几个要点

关于这个问题，我现在在这篇短文里，在比较原则的方面，提出几个要点来商榷一下。

第一，本店关于工作报酬的考虑，只有“整个经济的健全”和“同人待遇的改善”两者之间兼筹并顾、加以斟酌的问题，而丝毫没有“老板要顾到个人利润”的问题夹在里面：这可以说是本店的一个最大特色。这个特色的根据很简单，就是本店全体同人都是工资劳动者，都是在靠自己的工作得工作报酬。关于这一点，同人都知道，我在这里用不着多说。但是在这一点却可以引申出另一个很重要的要点，那就是本店同人工作报酬的提高，不是原则的问题，而是办法的问题。换句话说，在我们里面没有任何人认为工作报酬的提高是不应该的，没有人反对同人待遇是应改善的，所要考虑的只是整个支出的增加要和整个收入的增加联系起来考虑。同人生活太苦要影响到工作情绪，这对于整个事业是最大的损失，所以应该努力顾到。整个收入顾不到整个支出，或整个支出妨碍到事业上资金的运用，对于整个事业也是莫大的损失，这两方面所以要兼筹并顾，加以斟酌，都是以本店整个生存和事业发展为前提。说得再简单些，也就是要顾到整个店的利益。本店自创始到现在，因为发展得快，整个资金的缺少成为经常的现象，于是分配调度，是一件艰苦的工作，但是从最初到现在，在勉强顾到整个店的利益的原则下，个人的待遇，在事实上是逐渐向上提高的。这是参加本店工作较久的同事所知道，为节省篇幅计，我在这里不想多举烦屑的事实。这种倾向是应该的，正确的，但是我们当然不能满意，我们仍希望在顾到整个店的利益的原则下，还有更多的进展。

第二，我们向来的态度是尽可能先顾到工作报酬比较最低水准的部分，这也有种种事实上的表现。最近的例子是三十元以下薪水的同事不必参加储金办法，以及本届加薪以先顾到三十元以下者为原则等等，这当然是应该的，正确的。我们以后还要根据这个原则，在顾到整个店的利益的原则下，及营业收入的许可范围内，尽可能把最低水准逐渐提高。但我们一方面要尽可能把最低水准逐渐提高，一方面却不可误会，认为比较高的薪水是不应该的。即使在社会主义已实现的国家里，他们所废除的只是生产手段的私有，而对于工作报酬的差异还是有的；不但有，而且在积极努力社会主义建设的过程中，还被认为是必要的。工作的性质和责任特别重要的、服务期间较久的，工作报酬较多，我们从店的事业方面看，认为是应该的。在我们这个机关里工作报酬较多的，比别的机关并不算多，我们同事中有人宁愿不干月薪四五百元的教务长或教授的事情，而来本店担任月薪一百余元的编审工作，我们只有敬重感激心情。我在上面用“先顾到”三字，颇有意思。我认为从我们的整个事业着想，我们也应该在可能范围内相当顾到工作责任较重要、服务期间较长久者的需要，尤其不可误会他们是不应得到他们所应得到的工作报酬。

第三，我们是一群努力于文化工作者，我们是有着共同努力的事业，一切都以有益于这事业为前提，对于待遇的考虑，也要和这一点联系起来，并不是单纯地顾到个人的需要。假定有甲乙两位同事，他们同样地在生活上有着迫切加薪的需要（例如家累特重等等），但甲在本店的工作是特别重要或特别得力，我们的事业少不了他。乙在本店的工作是比较不重要或不甚得力，他因须厚薪而另作高就，而我们只得割爱。在这种情形下，我们当然要“先顾到”甲，不能因有同等的迫切需要而作同样的考虑。

最近因物价增高，各地同人在生活上受到了很大影响。关于这一点，本店人事委员会已给予严重的注意。目前最感困难的是因为本店最近在营业上受了意外打击，在暂时有“力不从心”之苦，可是我们已在严密地注意着这件事，一俟营业较为好转，整个经济能减轻一些困难，仍须积极努力补救的。

我最后还要提起：工作报酬的改善，或同人待遇的改善，在本店不是原则的问题，而只是办法的问题。重要负责人当时时加以密切的注意，同人如有卓见，也希望随时提出，以供参考。

十　在过渡社会中的薪水与津贴

我们无论解决什么问题，都须先定原则，后定办法。我们对于原则认为正确的，然后在这个原则之下想办法，想出的办法好不好，当然还是待决的问题，但是原则既定之后，所研究的便是办法问题，不必牵涉到原则问题，否则缠夹不清，愈研究愈糊涂。在另一方面，如果觉得原则有问题，那就要先把原则弄清楚，然后再谈具体办法。

偏重按劳取值的薪水和偏重解决困难的津贴，在过渡的社会中都有它的必要性：这是一个原则。如果不承认这个原则，那末具体办法且慢谈，先研究这个原则。如果承认这原则，那末可在这个原则之下，研究怎样的具体办法可使“按劳取值”和“解决困难”达到比较最公允而又为可能的目的。

最近我们正在讨论薪水与津贴的问题，有机会听到不少同事关于此事的意见，这是件很愉快的事情。在有些意见里面，似乎对于按劳取值的薪水与解决困难的津贴，在原则上还不无疑问，尤其是把这两个混为一谈，所以我想在这篇短文里加以相当的说明。

第一点要说明的是：薪水与津贴，就本质上说，虽不能说绝对无相关之点，但就作用上说，彼此间确有差异。就本质说，都可以归入工作报酬的范围。薪水固然是属于工作报酬的范围，我们所要津贴的是加入本店工作的同事，不是津贴任何与本店工作不相干的路人，那末津贴也未尝不可属于工作报酬的范围。但就作用上说，薪水偏重按劳取值，津贴偏重解决困难，显然有它们的差异。关于这一点，我曾经举过这样一个例的：苏联的工厂里工程师的工资比工人的工资较多，这是根据按劳取值的原则；工程师与工人住相同的屋子（大概都是在一座大厦中各住一屋），工人每月所出的租金可较工程师少些，这里面含有津贴工人的意义，这并不是说工程师的“劳”不及“工人”，所以在此处把他的“值”要降低些，却是因为工资较多的工程师，付出租金的困难，比工人的困难较轻些。

第二点要说明的是：按劳取值的薪水与解决困难的津贴并不是彻底的办法，但却是适用于过渡社会的办法。在“各取所需”的最理想的社会中，那时用不着薪水，也用不着津贴，但是我们所处的社会还不是最理想的社会，资本主义的社会不必说，即在社会主义的社会如苏联，对于熟练工人所付的工资要比不熟练工人多，对于工程师及厂长所付的工资要比熟练的工人多，为什么呢？因为最理想的社会未到以前，能力的差异（指学识经验等等，尤其是比较专门或高级的学识经验）既为一种现实，如不按有差异的“劳”，给予有差异的“值”，势必责任较重要、工作较重要的职务，谁都不愿干，而且也不能鼓励学识经验差者之求进步，所以即在努力社会主义建设的苏联，列宁和他的同志们为着进行社会主义建设，对于平均工资的幼稚见解的纠正，也视为极重要的一件事（可参看《联共党史》）。但一方面顾到现实而不得不采用按劳取值的办法，一方面又鉴于在现实中有些困难却不是全靠按劳取值所能解决。例如在社会主义建设中的苏联，既未能做到房屋全免租金，工人从按劳取值所得的收入，付出租金时，既比工程师较为困难（这里只是举个例子，这种情形当然不限于工人及工程师），为减轻工人的困难，便规定工人应付租金时可比工程师少一些。须按劳取值，既是过渡社会中的现实；有些困难非按劳取值所能完全解决，不得不另想相当津贴的办法来补救，也是过渡社会中的现实。我们如离开当前现实而高谈理想的办法，最好是“各取所需”，其次也最好能使薪水高得完全顾到困难，而无所用其津贴。但是如果我们要把理论与现实联系起来考虑，便不得不承认按劳取值的薪水与解决困难的津贴，是在过渡社会中，为着工作的进行，不得不采取相当适应的原则。

这里所谓过渡社会是指资本主义社会及社会主义社会。严格说来，按劳取值的薪水与解决困难的津贴，只在社会主义社会里还能充分做到，在资本主义社会里只是局部的做到，尤其是关于津贴的一项。在苏联，在同样情况之下（如服务年数等）的同样工作，无论男女，都须给同等的工资；在欧美其他各国，女的工资便特别低廉。关于解决困难的问题，苏联有的非常多，如各种合作社对于较低工作者，特予廉价（上面所举的屋租也是一例）；托儿所的收费（虽为数不多），对于较低工资者也特予减轻；学校里的学生津贴较低工资者得尽先补额等等。在欧美各国，有些机关遇职员结婚，或婚后生子，都可作为要求加薪的理由，这种加薪已不是按劳取值而是津贴的意义了，但这在欧美各国也还不是普遍的情形。

第三点要说明的是：我们为什么要了解薪水与津贴的区别？按上面的说明，倘若我们承认对于结婚的同事，有给予某种相当津贴以减轻困难的必要，这种津贴只是因为他具备了“结婚”的条件，而不是由于他的“劳”有何变化，那末和效同样的“劳”而未结婚的人，便无所用其不平，便不致引起“违反了按劳取值原则”的慨叹，因为津贴的作用原来偏重解决困难，原来不是以按劳取值为出发点。我们一面要注意按劳取值，尽可能使每一个同事能按他所贡献于本店的“劳”而取到相当合理的“值”；但同时希望店的经济力一天天宽裕，对于同事的家属，如妻子生活费的负担、子女教育费的负担、养老金，以及医药费的更优待等等，都能更充分地做到每一个同事都无意外之忧，无后顾之忧的。

以上所说的都是属于原则的问题。至于具体办法如有未妥，当然可以另加讨论。最近有一位同事举个例子，说一个社工的总收入（薪水加津贴）等于一个分店负责人的总收入（薪水），认为不妥，这确是应加考虑的一个问题。即在苏联，工人受津贴固然是对的，但是如果一个工人的总收入（工资加津贴）等于一个工程师的总收入，那也使工程师感觉到不快。但这只是办法的问题，而不是原则的问题。

十一　同人福利普遍性的研究

同人福利的范围很广，如就最广大的范围说，店的整个事业都与同人福利有关系，因为整个店的营业发达，总的经济力量增强，同人的一切待遇都可以随着提高。这样说来，整个店的利益和同人福利不是对立的，是相辅而相成的。但是为便于研究计，我们可以较狭的范围说，那末可说同人福利是指同人所直接受到的幸福利益。即就较狭的范围说，所包括的内容也就很广，为便于研究计，应有比较具体的指出，主要地说来，可分为三部分：第一部分是偏重按劳取值的薪水；第二部分是相当的物质和文化享受；第三部分是偏重解决困难的津贴。我们为要顾到同人福利，对这三部分应该尽可能使它公允合理。

在本文里，我只想提出一点来研究：同人福利是不是应该具有普遍性？或是问：同人福利是不是应该大家普遍地享受？我想，大家不加思索的第一个答案一定都要说：当然是应该普遍的；既称为同人福利，要公允合理，当然应该普遍享受，那有一部分人局部享受的道理！这些话的正确性，看我们对于“普遍性”这种名词有着怎样的了解。

例如关于按劳取值的薪水，所应考虑的因素，有工作的内容，责任的大小广狭，服务期间的长短等等。凡是工作内容相类，责任大小广狭相类，服务期间长短相同，薪水应该是相同的，这是一个原则，这个原则应该是具有普遍性的。无论谁，凡是合于上述条件而待遇却与相类相同的别人不同，那就是违反了具有普遍性的原则，我们应加以纠正。这样了解普遍性是公允合理的。如果把薪水的普遍性认为是薪水应该平均，那是不公允合理的。因为是违反了按劳取值的意义，即在社会主义的社会也是办不到的。以上就是第一部分的同人福利研究。

又例如本店应替同人设备相当的宿舍膳食，应该给同人以借书的便利，在可能范围内（尤其是同人较多的据点）应替同人设备阅览室、休养室（病人用的），应设立读书会，举行茶会等等。这种种设备，除休养室之类的以外，显然都是普遍性。我们当然不能规定某些同事可住寄宿舍，某些同事不许住寄宿舍。由于我们店的经济力，在目前还只能办到数人一室的寄宿舍，还未能做到一人一室以及家眷都可白居的寄宿舍，所以要住寄宿舍都普遍地数人一室，一人一室以及有家眷的须自己另出租金。这原则也是普遍的。但是休养室（目前还没有，这只是举个例，并且希望将来能有）却只有养病的人有资格住，合于这个资格的，都可以普遍地住入，这里的所谓普遍性，如任何同事都可以住入，便不合理了。以上就是第二部分的同人福利研究。

最后请略就第三部分的同人福利加以研究，就是偏重解决困难的津贴，薪水是偏重按劳取值。津贴是偏重解决困难，我在《店讯》上曾略加说明。津贴所要解决的困难大概可分为三种：第一是尽可能使工作者无意外之忧，第二是尽可能使工作者无内顾之忧，第三是尽可能使工作者无后顾之忧。医药津贴，因公伤亡抚恤等等，以及最近因各处生活费特涨而正在考虑的生活津贴，都是属于解决第一种的困难。医药津贴，因公伤亡抚恤等等，不能说不是属于福利的范围，但这种福利的普遍性，只普及于生病的同事，因公伤亡的同事，就这一点说是具有“有原则的普遍性”。如说任何同事不管有病无病，不管是生是死，都必须普及到才合于普遍性，那也是不合理的。最近人事委员会鉴于生活费突增，暂时给予三十元以下的包含无业妻子的家庭以十元津贴，便是属于解决第二种困难，这只能普及到有这样家庭而薪水又较低的同事，就这一点说，也是具有“有原则的普遍性”（但已引起有父母担负的同事的不满，这是原则问题，我们可以加以讨论，但是有父母担负也须津贴虽然也是属于内顾之忧的一种，虽也可以加以考虑，而是另一个问题，如本店经济力办得到，我并且希望也能给以相当的津贴）。另有人说，这不是提倡大家都来结婚吗？其实依现在的生活程度上，十元并不能完全顾到一个妻子的全部生活费，不过略减困难而已。家累的困难既是一个事实，以无业妻子家庭的担负为尤直接的迫切担负，这种内顾之忧是否应该相当顾到，是可以加以研究的，但这不应与同人福利的普遍性混为一谈，却是应该认识的。

以上关于津贴的普遍性问题，我们谈到的只是关于意外之忧与内顾之忧。养老金及子女教育费等等，可属于解决后顾之忧（子女教育费同时也可属于内顾之忧），本店能力还不能及此，此时用不着多说（同时也幸而我们都是青年，养老金暂时还不需要，而且有子女的也不算多，但是希望将来也能有，尤其希望子女的教育金能先顾到，因为这比养老金要先到来的）。总之，我觉得以上所举出的三种困难，只要本店总的经济力顾得到，都是同人福利范围内应该做的事情，但却只是具有“有原则的普遍性”，而不是无限制的普遍性。例如养老金，当然只有老的资格才享得到，倘若我们年纪轻轻的一定也要插一足到养老金的享受方面去，那是无法称为合理的！但是有了养老金的办法，我们同人里任何人只须享到了高龄，不急急于跷辫子，都可以无例外地享到，这是“有原则的普遍性”。

根据上面的分析研究，至少在目前，同人福利的普遍性是有原则的普遍性，而不是无限制的普遍性。我们所要注意的是要尽可能使有关的各种原则公允合理。

十二　关于调整薪水与津贴的办法

人事委员会为着调整薪水与津贴办法的问题，开了好几次会，每次开会都费了长时间来讨论，这是我自己所亲自参加，知道得很详细，深切地了解各位人事委员都是很热心要为全体同事得到最大可能的比较合理的办法。人事委员会自己经过几次的详细讨论，还觉得不够，特指定一位人事委员，特为此事先后往访法学专家沈钧儒先生和财政专家王志莘先生（都是本店的理事），从法理及财政学两方面再加以一番检讨，又经人委会作一次讨论，才定下一个草案。但是因为这件事是与每一个同事的福利有关，所以决定将这个草案发交总处及各店同人自治会讨论，征求全体同事的意见，等到全体同事的意见汇拢来之后，当由人委会再开会研究，作最后的决定。

关于决定这件事的手续是这样：（一）先由人委会根据

讨论的结果，决定草案，作为同人的讨论大纲；（二）征求全体同人的意见；（三）再由人委会根据同人的意见，加以一番讨论，作最后的决定，付之实行。这也可以说是经过三个阶段的过程。

人委会的每一位委员也和其他同事一样地是本店的雇员，每一位委员的利害，是和其他任何同事一致的，绝不愿“作法自毙”，但是一方面尽可能的顾到同事的福利（他们自己的福利当然也包括以内），另一方面也须尽可能顾到整个店的经济力。他们所焦心考虑的，只是这两方面的适当的配合。因为要同时顾到两方面，所以不能不于先后缓急之间略有分别。根据这先后缓急之间的分别，商定原则，酌定步骤。例如医药津贴，倘若本店经济力办得到，任何同事遇有疾病，可以无限制地由本店完全出费医治，医到痊愈算数，医药费需要几十元几百元乃至几千元都无须计较，这岂不大家痛快，人委会对医药津贴也无须开会讨论，定出那些怪麻烦的限制。但是因为如果这样，本店也许要尽其所有拿来做医药费，准备关门大吉！在原则上，无限制地为同事出医药费，这是再好不过的事情，谁都赞成，但是因为同时要顾到总的经济力，便不得不根据现实，于先后缓急之间加以考虑，于是不得不有相当的限制了。又例如家属津贴，有妻子的需要津贴，有父母的需要津贴，都需要津贴，店的经济力如能一律津贴，这也是再好不过的事情，谁都赞成，但因目前不能同时都顾到，暂时二者不可兼得，还是先顾到有妻子的呢？还是先顾到有父母的呢？这于先后缓急之间，便不得不加以考虑了。目前的暂时办法是先顾到没有职业的妻子，而且限于月薪在三十元以下的，而且也只能津贴一小部分，无力津贴全部分（十元一月并不能顾到一个妻子的全部生活费）；至于父母，父亲应负大部分责任，如有力时才顾及后者。就是将来更有力时能顾及后者，也还是要先顾及独子而父母均已年老无力工作的人。总之，办法妥当与否，当然可以随时重加考虑，而这个限于总的经济力而不得不有先后缓急的原则，我们却不有先后缓急的原则，我们对这一点却不得不加以正确的认识。

此外还有三点想扼要地提出：（一）同人对于调整薪水及津贴办法，如有比人委会所想到的更好的具体办法，请尽量提出，人委会一定要采用更好的办法来代替原草案中的不及的办法。人委会所想的办法，当然只是比较可用的办法，不敢说是绝对的办法。如果同事中对于其中任何一点有更好的办法提出来，人委会没有不乐于采用的，所以诚恳地希望同事多多提出更好的办法。倘若只是消极的批评，而并没有更好的办法提出来，人委会对于消极的批评，当然也加以虚心的考虑，不过考虑之后，如仍想不出更好的办法，那只有照原定的实行了，这一点要请同人特加注意。（二）民主的程序，讨论是最重要的一环，同人提出的种种意见，最后还须经过人委会的集体讨论，才作最后决定。但对于采用的意见，应该说明理由，对于不采用的意见也应该说明理由，将来都应在《店讯》上发表，让大家知道，这就是以前曾经说过的“有效的言论自由”。简而言之，每一位同事的意见必然得到注意与考虑，绝对不会白说的。（三）薪水是偏重在按劳取值，津贴是偏重在解决困难，这两件事虽不能说绝对没有关系（例如我们所津贴的是在本店工作的同事，不是津贴任何路人），但大体说来，最好分开来考虑，不要混为一谈。我可以举一个简单的例子来谈谈，苏联工厂里的工程师的工资，比工人的工资多，这是按劳取值，但是他们住一样的房子，工人却可以比工程师少出若干卢布的房租，这在工作方面便含有津贴的意义。讲到按劳取值，工程师的“值”是比较地大于工人，但是讲到津贴，却偏重在解决工人的

“困难”，而并不是说工人得到津贴是因为工程师的“值”不及工人，我觉得这两方面应该分开来考虑，不然便要缠夹不清，愈弄愈不清楚。我们只是一个比较合理的文化商业机关，当然说不上什么社会主义，但是苏联有些可以供我们参考的优点。当然也值得我们注意，人委会知道调整薪水与津贴是一件吃力不讨好的事情，但责任所在，也只有尽心力来做，希望同人共同来想办法。

十三　奖励与处分的意义

我们是共同努力于中国进步文化的一个组合，我们的奖励和处分，都含有集体的意义，这是一个很重要的特点。我们里面任何人受了奖励，绝对不是为了任何个人的事情努力的结果，是为整个事业的全部分或一部分努力的结果；我们所得到的奖励，是根据集体领导的机构（人事委员会）所定的原则，由集体领导的机构以公意决定而赋予的。这样看来，可见这种奖励是真正光荣的，因为它的来源在本质上是真正光荣的。

讲到处分，当然无所谓光荣。关于奖励的事情，我们希望它能一天天加多；关于处分的事情，我们希望它能一天天减少。但是一个有组织的文化事业机关，必须有相当的纪律，否则有碍工作的效率，即间接影响到文化事业的发展，此其一。我们大家都不能担保绝对不会有错误，犯了错误之后，要使自己及其他同事不要再犯同样的错误，于是小的错误有小的处分，大的错误有大的处分，这是不能绝对没有的办法，此其二。但是我们的处分也和奖励一样，也要根据集体领导的机构所定的原则，由集体领导的机构以公意决定而执行的。

奖励的意义容易了解，得到奖励的人也不容易对这件事起什么反感；可是处分的意义却不是很容易了解的，得到处分的人本来说不上什么高兴，因为不很容易了解，反要引起很大的反感，甚至影响到工作的情绪！这在表面上看来，似乎是一件矛盾的事情。我们为着要维持或更进一步要增进工作的效率，要避免因工作不良影响到文化事业的发展，所以遇必要时须执行处分的办法；但是执行了处分的办法之后，又要引起受处分者很大的反感，由此影响到工作情绪，间接影响到文化事业的发展！这种矛盾怎样统一起来呢？第一步我们要彻底明白处分的意义，尤其是在我们这样的文化事业机关里。

关于处分的意义。先举一个譬方，也许可以更加明白些。诸位如果稍注意过苏联的司法制度（《苏联的民主》一书中就曾论及），便知道他们有对于同志的法律，有对于敌人的法律；对于敌人的法律是旨在消灭敌人，对于同志的法律是旨在改善同志。我们虽不是什么政治组织或政治集团的同志，但因为我们共同努力于文化事业的同事，具有这同一的目标，所以我们不仅是泛泛的一般的同事，而是具有深切的友谊，也可以说具有一种同事爱。因此，我们所决定的处分，其意义可以说是完全旨在改善，而绝对不含有对敌人的意味。

“改善”这二个字，我们这里要特别把它强调起来。中国以前的学习很注重所谓“师友夹持”，很注重交忠直的朋友，为着要结交贤师良友，奔走天下四方去寻找，这在以前的学者是很寻常的一件事情。为什么呢？因为我们要进步，自己的优点要发展，自己的缺点要消除，但是自己往往苦于不自知，所以需要“师友夹持”，需要忠直的朋友提醒我们。奖励是鼓励发展优点，处分是提醒消除缺点；虽有积极消极之分，它的动机都是一样的：就是要希望同人进步，是完全善意的。我们不是希望多得优秀的干部吗？优秀的干部是从进步中来的。解职的处分才是我们认为无法再共事的，在这个最严重的处分之下的各种处分，对于不幸得到处分的同事，绝对不存着任何轻视，绝对没有任何恶意，都是含着再求进步的善意，希望他的缺点愈减愈少，个个成为优秀的干部。明白了这一点，即使受到处分，只应有积极求进步的态度，不应消极，不应因此影响到工作情绪。

当然附带还有一个问题，那就是处分要公平。关于这个问题，在本店有两点值得我们注意。第一，本店用人向来采取人才主义，绝对没有不顾能力，引用私人，所以易于公平。第二，本店关于人事的处理，有集体领导机构（人事委员会）所定的原则与决议，所以也易于公平。如有不公平情形，受处分者还可对领导机构提出申诉，要求复议。

十四　痛悼子桂同事

子桂的病逝，实为我们最悲痛的一件事！我忍泪重阅子桂的考绩表，他的工作报告，他的接洽事务的信，我边看边下泪，边手颤。我们失去这样一位贤智忠诚的青年干部，整个文化界出版界失去这样一位专门的优秀人才，实在是最悲痛的无可补偿的损失。

二月二日我看到昆明分店报告子桂患急性盲肠炎入院割治的急电，如晴天霹雳，忧心如焚，因为我知道他的身体素来健康，在事前也未听到他有何重病。当即托渝友介绍昆明名医助诊，并复急电如下："阅转慈群疗养院范哲冰医师：敝友子桂患肠炎，请妥为诊治，弟何穆。"此后我们时刻盼望着有好消息来。六日昆明第二次来电报告子桂病危，在挽救中。当即复急电："桂病危切念，请尽最大努力救治，续情电告。"该电是六日下午五时发出，同日晚间六时再发一急电："桂病请多延名医会诊，防转别症。"我们都时刻在提心吊胆地苦心拯救这位"文化战士"的宝贵生命。七日接昆明第三次来电，报告子桂危甚。我七日夜间忧念不能安眠，八日晨天刚黎明，粹缜告诉我说，听见书店门口有人喊"电报"，我愤然叹道："不得了，这个时候的电报恐怕凶多吉少！"等一会儿，我的大孩子起身，我赶紧叫他到隔壁书店里去看看是什么电报，他回来说没有什么电报，我才如释重负，于怀稍慰。不料再等一会儿，锡荣匆匆拿着报告子桂逝世的电报来看我，我们相对泣然，即决定发出两电，一慰唁董顺华同事（子桂的未婚妻，亦本店忠诚同事之一），一慰唁子桂的父母。我送了锡荣出门之后，踏入房间，泪如泉涌，绝对料不到子桂会这样短命，不禁为文化事业万分痛惜。

子桂入本店六年，由练习生开始，一步步由于他的经验学识的增进，升任本店甲等店的经理，主持独当一面的重要工作。他在这六年内的实践中的工作与学习使他成就一个"全才"，比读了任何大学学程，比任何硕士博士，都来得更有成绩，更能干。他的年龄才二十五岁，已是学识经验俱富的极难得的专家，事业前程，正未可限量，对于国家民族正将有更伟大的贡献。他是本店最可敬爱，最得力的贤智忠诚干部之一，伯昕先生每次和我商量调遣得力干部时，经常想到他；当迪化似有设分店可能时，他就是候选经理之一；当星加坡有一个时期需要调人时，他也是候选经理之一，不料他竟匆匆和我们撒手，弃我们全体爱重他的伙伴而去，这实在是令我们哀痛万分的。

子桂一生的美德，给予我们的印象异常深刻。他待人接物的和谦诚恳，他认识的清楚，他对于技术的熟练，他对于职务的勤奋，他对于店的困难之彻底的了解，他对于文化事业意义之彻底的了解：在在都是我们的模范，在在都使我们留着无限的哀思。昆明分店自治会干事在调查表中称为“不可多得的一位经理”，是十分正确的一句评语。他逝世时昆明同人大哭，昆明同业全体朋友挥泪，全店同人得到噩耗后，都感到伤悼，这可见他不仅是“不可多得的一位经理”，而且是一位理想的人人的好朋友。他在工作报告里有过这样的警语：“在工作的过程中，困难是常常横在我们面前的，但是这些困难的临到，大致是因为主观能力的不够，并非一种顶大的困难，所以借了谨慎和勤奋的态度对每件事务的应付，也还能得到顺利的解决。”他对于有些为着自己“发展”

而离我们艰苦岗位的同事，在一封给私人的信里，曾经表示出这样深刻的批判：“这些人一方面不能忍受事业的艰苦，一方面发财的客观条件太优越了，同时店又不能给他们以物质的满足。”这样爱护事业，忠诚事业的同事，在这样艰苦奋斗的时候，离我们而去，这是令人想着不得不痛哭的。

他弥留时说他是为抗日文化而牺牲，对我们所共同努力的文化事业念念不忘，我们于万分悲痛之余，当本着他对于文化事业未竟的志愿，继续奋斗，为国家民族努力，使我们这坚贞伟大的伙伴的精神永远不死。至于子桂的家属，我们也要尽力爱护，绝对不使这位“文化战士”身后有丝毫的遗憾。子桂！我们全体伙伴永远不忘记你，你是永远不死的！

关于服务的态度

一　加强认识我们服务的广大对象

我们为着争取民族解放的胜利，在抗战以前和抗战以后，都是提倡并拥护全国团结一致对外的，就是除了汉奸卖国贼以外，整个民族的各阶层都要团结起来，一致为民族解放而努力奋斗。在政治上如此，在文化上也是如此。就文化工作者方面看来，是要配合抗战建国伟大时代的需要，把我们的服务范围扩大到整个民族的各阶层——只有汉奸卖国贼不是在我们的服务范围之内。最近廖庶谦先生曾说起几句有趣味而值得我们玩味的话，他说在全国团结大原则之下，就是民族资本家到生活书店来买书，也寻得到他所需要看的书，买几本他所需要的书带回去。就这个意义说，我们服务的广大对象应包括整个民族的各阶层。

就另一意义说，我们应顾到最大多数的落后群众。我们是信仰群众的伟大力量的，因此我们深信中华民族的光明前途的基础是建在最大多数的群众。这最大多数的群众，就目前文化水准方面说，是比较落后，这是无可讳言的事实，我们要希望群众伟大的力量能得到充分的发扬光大，是要使最大多数落后群众的文化水准尽量提高。这个原则是我们大家所承认的，似乎无须多所说明，但是仅仅承认是不够的，我们必须在实际上能够顾到这一点，能够对这一点加以充分的注意。我们在以往对于这方面也不是没有注意，但是还做得太不够，好像我们的注意特别偏重于前进分子的范围，而未对于最大多数的落后群众有足够的注意。关于前进分子的文化需要，我们当然也要顾到，但是如果偏于这种狭窄的范围，而忽视了满足最大多数的落后群众在文化上的需要，所发生的功效，是不够远大的。我们是深切地明白，无论民族解放的胜利，或革命事业的开展，不能仅靠比较少数的前进分子，同时还要依靠最大多数群众的觉醒与努力，这种任务，本店尤其义不容辞，因为本店十余年来的努力（生活周刊社包括在内），我们的服务对象本来是很广大的，我们所得的社会信任与同情，本来也是很广大的，我们应该宝贵这个传统，我们应该更发扬光大这个传统，使我们对于中华民族的文化有更伟大而广泛的贡献，我们要加强认识我们服务的广大对象。

二　本店同人的做人问题

诸位同人突然看到这个可惊或可异的题目，也许是吓得一跳，或者感觉到未免滑稽，我们每个昂藏七尺之躯，活了几十年，至少的也活了十几年，难道还不懂得做人之道吗？甚至引起一些反感，简直好像怀疑我们还不像人的样子，这不是含着侮辱我们的意味吗？

侮辱是不会有的，因为本店同人也包括作者自己在内，没有人愿意侮辱自己，至于懂不懂得做人之道，却也还有商量的余地，因为就是懂得了，再多懂些也无妨。

而且这个题目的写出，我并不是无病呻吟，却是有感而作。为什么呢？因为据我所知道，一般社会上的人，把生活书店的人看得太好了，或想得太好了。于是乎生活书店的人更感觉做人难，更要注意到做人之道，所以有本店同人做人问题的提出。

一般社会上的人对于生活书店的人特别的“要好”，这是多在外面跑动跑动的同事所共同感到的。我不但在国内有这样的感触，在国外遇着不少的侨胞，只要他们做过我们的读者，经过我们服务的，谈起来或问起了生活书店及生活书店的人，他们在音容上表现着的惊异、敬重、羡慕、诚恳的神情，使我们只能在心坎里感到深深的感动乃至惭愧，而不是任何言语笔墨所能形容其万一的。我每遇到这样的情景，我深切地感到我们许多同人的辛勤劳苦是不会空掷的。久在各处跑动的严长衍同事，也常和我谈起这样的感触，他在火车上，轮船上，有人知道了他是生活书店的人，就另眼看待，给他以种种特别的优待。张仲实先生不久以前往新疆去，沿途也有同样的感触，特为写信来告诉我，他也因此感觉到我们全体同人的辛勤劳苦是很值得的。

有的时候，简直使我们很惭愧的感觉到，有些人简直把生活书店里的每一个同事都看作圣人！

这些情形为什么会引起什么做人的问题呢？朋友们把我们看得特别好，对我们特别厚，希望我们也特别好，有时责备我们也特别严。记得不久以前，重庆的同人因被空袭，有一部分同人乘卡车到郊外去，回来时有几位同情我们的朋友附乘我们的车子，有极少数同人对这些朋友的态度言词不客气了些，便引起他们格外的气愤，他们说，我们一向相信生活书店对社会是热心服务的，今天才知道原来是这样！卡车地位有限，路上人众多，这里面当然也有苦衷，但是在可以容纳的范围内，我们还是尽可能服务的，尤其在态度言辞上要有礼貌，要诚恳。我在这里顺便提起这件事，只是表示，朋友们待生活书店的人太好，不周到处引起的反感也特别深，一二同事对外的态度言辞偶有不客气，不诚恳，可以影响到朋友们对于整个书店及全体同人的印象。

从这里，我们可以引申出一个要点：我们的做人不仅是个人的问题，而是有关我们整个团体的问题。我们不仅是要自己负责任，同时也要对我们每个人所爱护的整个团体负责任。

这是我们全体同人所要注意的问题。尤其是门市部的同人对于读者接触的机会特别多，读者们在别的地方，对于商店职员的疏忽、怠慢、不耐烦、不诚恳种种缺点，也许还不甚注意，但对于生活书店的同事却特别注意，因为他们对于生活书店的每一个同事要“另眼看待”的！在别的商店，职员是要由“老板”监督着，才能减少这种种缺点，在生活书店却不然，是要由同人执行自发的、自觉的、自愿的纪律，要办到这一点，首先要彻底明了自己对社会服务的责任，对整个团体的责任。我的意思并不是说我们门市部的同人已有这种种缺点，我的意思是说，我们都要提防这种种缺点，要不让这种缺点发生。这不只是有关“生意眼”的问题，是有关本店同人的做人问题。

我们既彻底明白我们个人的言语、行动要影响到整个事业，要影响到整个团体，我们对于做人的态度便不应该乘个人的高兴，随个人的脾气，依个人的喜怒，而应该顾到整个事业，整个团体，这是有关集体的责任，而这集体的责任，是需要这集体中每一个分子热烈忠诚支持的。

本店同人的做人问题，不仅是含有个人的意义，尤其重要的是含有集体的意义。

三　我们对外应有的态度

这里所谓“我们”，是指本店的全体同人，所谓“对外”，是指对我们的读者或顾客，以及本店在社会中的一切朋友。

我曾做了一篇《本店同人的做人问题》，我想这“做人问题”，就本店的情形说，可分为对外和对内两方面，我在这篇短文里要先提出对外的方面来和同人谈谈。

我们对外应有的态度，就总的原则说，“发展服务精神”——本店三大目标之一——可以包括无遗。但是我们对于“发展服务精神”这个极可宝贵极当重视的原则，如果只是看作老生常谈，看作口头禅，看作漠不动心的标语，而在我们的日常生活的实践上不加以亲切的体会，努力的实行，那还是不会有什么实际效果的。

这在《本店同人的做人问题》那篇文章里，提及书店门市部同人的做人问题，因为门市部同人对外接触的机会特别多，所以在实际代表本店对外的责任也特别重。关于门市部工作的技术方面，是另一个问题，这里所要连带提到的是门市部同人对于服务的态度。最须注意的是诚恳、热诚、周到、敏捷、有礼貌等等，而要做到这些，最主要的是要存心耐烦；而存心耐烦，又是从对于服务的意义有正确而深刻的认识产生出来。

所谓耐烦，就是不怕麻烦。麻烦是大家怕的，但是认识了服务的意义，存心不怕麻烦，存心先克服麻烦，就可以不怕麻烦，否则便为麻烦所克服。举一个例来说，沈志远先生是本店的好朋友，在他未正式加入本店工作的时候，在译著方面已帮了我们不少的忙。最近有一次，他无意中说起，那时他有一天到重庆分店去买一本书，有一位同事很不在意的回答他说没有。沈先生自己在门市部书架上寻着了这本书，抽出之后，拿来问那位同事。那位同事说沈先生将书名说错了一个字，不但不认错，而且现出怠慢的样子。沈先生看了觉得诧异，笑着对他说："你不要这个样子，我也是书店的老朋友啊！"我引这段故事，并不想追究这件事，也许这是出于一个新来的门市部同事，更不是说门市部同事都是这样，我只是要说明这件事所包含的严重问题是充分表示不耐烦的态度，同时也充分表示了缺乏服务的精神。就是书名说错了一个字，那位同事也何妨费一点手续在架上找一找？后来由顾客自己找了出来，我们正应该感到抱歉，怎么还可以现出怠慢的样子呢？

沈先生是本店的好朋友，对整个本店的事业，素有深刻的认识，所以偶然的疏忽无碍于他对本店的热诚与同情，但是别的读者或顾客，大半都是以本店任何同人的对外态度代表本店的精神，那末像上面那位“找不到”反而怠慢的同事的服务精神，岂不大坍本店的台吗？

服务不仅仅是替人做事，而且要努力把事做得好，所以我们不但做事，而且需要做得诚恳、热诚、周到、敏捷、有礼貌等等。而最要紧的是能认识服务的意义，存心不要怕麻烦。

这种对外应有的态度——发展服务精神——不但应为门市部全体同人所严格注意，而且是任何部门的同人所应严格的注意。例如：我们的发行科或邮购科对于读者来信的询问，必须迅速代为查明，一面诚恳答复，一面在事实上切实办理或纠正，倘若一信要延搁几十天，几个月，甚至如石沉大海，这便发生不良的印象。最近发生屡次由邮局退回没有贴头的“全抗”，邮差退回时还加以责备，我听到非常惭愧——简直感到伤心（我正在设法严查负责人）！这有人看来或许觉得是小事，但仔细想想，每一个读者对于我们的刊物是多么热望，因为没有贴头而收不到，他们是多么失望。至于无故麻烦邮差，他的责备，我们是应该虚心接受的。回想到在办理《生活》周刊时，因为要读者早收到本刊，我们同人常常加入社工中帮同认真卷折包封，以便迅速付寄，那时本店同人对外态度是怎样？我不相信规模大了就必然不能避免这类没贴头退回刊物的糟糕事情，还是要我们认真负责，正确认识对外应有的态度——“发展服务精神”！

又例如对于读者的任何复信，必须诚恳详细，即令有的读者问得幼稚，我们仍然必须认真答复，不怕麻烦，诚诚恳恳详详细细地答复，如果怕麻烦，拆拆烂污，简单马虎，聊以塞责，都是本店事业上的罪人！

我们对外应有的态度，是在实践上——不是在口头上——“发展服务精神”，要替本店创造无数的好朋友，不要替本店创造无数的冤家！

四　旁观的态度与参加的态度

参加一种事业的人，对于这种事业是存着旁观的态度？还是存着参加的态度？这个问题的答案，对于这事业的前途是有很密切的关系，肯定的答案必然保证事业前途的光明与胜利；否定的答案必然要使事业的前途只是黑漆一团！

旁观的态度是消极的；参加的态度是积极的。旁观的态度是只想吹毛求疵，而不想办法；参加的态度是不仅批评，而且还要想办法。旁观的态度是只唱高调，不顾到现实；参加的态度是根据实际的需要，同时并根据现实，加以慎重的考虑。旁观的态度是要说的话藏在肚子里，或背后大斫壁脚；参加的态度是知无不言，言无不尽。旁观的态度是只顾自己，不顾大局；参加的态度是把团体的利益放在第一位，个人的利益放在次要的地位。旁观的态度往往偏于个人的争意气；参加的态度特别注意正义与公道。旁观的态度事事不负责任；参加的态度处处负责任。旁观的态度把自己的事看作团体的事；参加的态度把团体的事看作自己的事。旁观的态度对于同事的好坏，马马虎虎；参加的态度对于好的同事爱护备至，对于同事的错误，总是要很诚恳地设法纠正。旁观的态度只顾到私谊不顾到团体的公共利益，于是援用私人，包庇私人的种种病态都纷至沓来；参加的态度虽重友谊，但遇到公事，必把公事放在面前。

可举的例子还多得很，但是即就上面所举的例子看，旁观的态度与参加的态度之差异，已经很了然了。

参加本店事业的同事们应该有那一种态度？我深信诸同事一定异口同声地说：我们所需要的是参加的态度，我们所不需要的是旁观的态度！

我们可以安慰的是本店同人的传统的许多良好的精神之中，有一个便是参加的态度而不是旁观的态度。我现在所以还要很郑重地提出来说明一下，有下面的几个理由：（一）我们大家一向虽有这样的精神，但是行之于不知不觉之中，现在有意识地提出来，有意识地把这种精神发扬光大起来，所得的效果更要大;（二）我们的事业一天天地扩大，天天发达，同事的人数一天天加多，虽然我们的同事，都是很严格地很慎重地选择来的，但也许有最小部分的同事对这种精神还不免欠缺，所以有明白提出共同加勉的必要;（三）本店事业日益扩大，所要解决的问题也日益加多，我们必须群策群力，共同拿出力量来奋斗，所以有加强参加的态度，完全消除旁观的态度之必要。

依本店的管理法，同事们更应该加强参加的态度，为什么呢？因为本店是采用民主集中制的，只有职权的差别，没有阶级的区分。更具体地说来，任何人对于事业有何好的意见，对于缺点有何积极的善意的批评，都可以大胆地提出来，共同想办法来实行，共同想办法来纠正。本店求才若渴的情形，不但各级负责人知道，我深信凡是本店的老同事都知道。能多提拔好的干部，在本店比较重要的负责人只有求之不得，只有觉得愉快轻松，没有理由加以压抑或轻视，最重要的是有才者须有事实上的表现，这事实上的表现不仅为自己，同时也是为我们所共同努力的团体的事业。所以依我们的组织，依我们的实际需要，都应该有参加的态度，而不该有旁观的态度。

本店事业的发展全靠我们的许多同事有着参加的态度，极少或绝无旁观的态度。我们要共同爱护这种极为宝贵的传统的精神，我们要发扬光大这种极可宝贵的传统的精神。

五　事业性与商业性的问题

在本文里要提出来谈的是事业性与商业性的问题。

我们这一群的工作者所共同努力的是进步的文化事业，所谓进步的文化事业是要能够适应进步时代的需要，是要推动国家民族走上进步的大道。我们在上海开始的时候，就力避“鸳鸯蝴蝶派”的颓唐作风，而努力于引人向上的精神食粮；在抗战建国的伟大时代中，我们也力避破坏团结的作风，而努力于巩固团结坚持抗战及积极建设的文化工作。这可以说是我们的事业性的含义。为着要充分顾到我们的事业性，我们有时不惜牺牲，我们的同事往往为着抗战建国的文化事业而受到种种磨折与苦难，毫不怨尤。但是在经济方面，因为我们要靠自己的收入，维持自己的生存，所以仍然要严格遵守量入为出的原则。这里便牵涉到所谓商业性。我们的业务费，我们的资金，既然要靠自己的收入，所以我们不得不打算盘，不得不赚钱。这可以说是我们的商业性的含义。

这样看来，我们的事业性和商业性是要兼顾而不应该是对立的。诚然，这两方面如超出了应有限度，是有对立的流弊。例如倘若因为顾到事业性而在经济上作无限的牺牲，其势必致使店的整个经济破产不止，实际上便要使店无法生存，所谓皮之不存，毛将焉附，机构消灭，事业又何从支持，发展更谈不到了。在另一方面，如果因为顾到商业性而对于文化食粮的内容不加注意，那也是自杀政策，事业必然要一天天衰落，商业也将随之而衰落，所谓两败俱伤。但是我们不许有所偏。因为我们所共同努力的是文化事业，所以必须顾到事业性，同时因为我们是自食其力，是靠自己的收入来支持事业，来发展事业，所以必须同时顾到商业性，这两方是应该相辅相成的，不应该对立起来的。

这样看来，事业性与商业性原来是不成问题的，而竟有人觉得成问题，这又是什么缘故呢？这也是因为对这两方面都缺乏正确的认识。事业性的维持，必须在量入为出的范围内，否则便是不顾现实，破坏本店的生存。本店的出版事业，有些部分是有钱可赚的，可以移来补贴补贴蚀本的部分，此外还须多些余利来作更求发展的资金。在这样的范围之内，我们是不怕经济上有所牺牲。倘若超出了这个范围，便是使本店走上关门大吉的道路！不但如此，我们为着要发展事业，在不违背我们事业性的范围内（我们当然不专为赚钱而做含有毒菌落后的事业），必须尽力赚钱，因为我们所赚的钱都是直接或间接用到事业上面去。

要充分发挥商业性，在积极方面，必须注意“工作第一”。在工作上最努力、最有成绩的同事，是我们的英雄！工作能力最强、办事最负责的同事，是我们大家的宝贝！在另一方面，在工作上拆烂污，成绩上恶劣的同事是我们的害群之马，工作能力不强而办事又不负责的同事，是我们的蠹虫！前一种同事，对于我们的事业，对于我们的商业，都有切实的贡献；后一种同事，对于我们的商业固然只有破坏的作用，即对于我们的事业，也是只有破坏的作用。要充分发展商业性，在消极方面，必须爱护公物公财，极力避免浪费。自己的东西知道爱护，对自己的经济知道节省，而对于公家的东西或经济，便不注意爱护与节省，马马虎虎，随随便便，这是对于团体最不忠，最最要不得的劣根性，我们对于这种劣根性必须尽力铲除。能爱护公物公财的人，对于我们的商业固然有切实的贡献，同时对于我们的事业也有切实的贡献，因为必须在经济上能力避浪费，充实力量，才有发展事业的凭借。这样看来，充分发展商业性，同时也是充分发展事业性。这两方面是可以而且应该统一起来的。

六　本店参加义卖的影响

我们的重庆分店于十一月二十七日，首先响应重庆市党部所倡导的义卖运动。重庆是战时的国都，又是本店总的机关所在地，所以重庆分店的这次“义”举是代表本店二十几个分店，和全体同人响应国家的一种有益抗战建国的重要运动！这意义是相当重要的。

在我们参加这个运动的前后，由于我们霹雳一声的首先响应，由于我们在举行时的热烈努力，由于我们在举行后的公告，把参加赞助的热心读者台衔，以及正式收据，都在报上公开宣布出来，以昭大公，所以文化界，出版界，以及一般社会，对于本店为国服务的精神，都加以特别的注意。在这几天里面，我们处处可以听到有人提及“生活书店义卖”的事情，事后也随处可以听到有人询问“生活书店义卖”的结果。我们同人虽辛苦，但精神上的报酬是无上的快慰，是无上的宝物！这是我们全体同人所应该感到兴奋而更加努力的。

这种运动对于我们同人自己还应该有一种教育的作用，那就是我们应该常常保持为大众服务的精神，常常推广为大众服务的精神。

其实生活书店所以能由生活周刊社的小小书报代办部发展出来，根本就是由于我们为大众服务的精神发扬光大起来。我们办《生活》周刊的时候，似乎只是办刊物而已，但同时因为读者信任我们，常从天涯地角，不远数万里从海外托我们代买这个，代买那个，我们尽义务地代为选择，代为跑腿，代为包寄，不辞种种麻烦，很诚恳很认真地代为办到，当时所以自勉的也只是为大众服务而已。其中尤多的是嘱托我们代买书报。所以后来有书报代办部的附设，渐由书报代办部而产生生活书店。所以我们可以说生活书店是由，为大众服务起家的。

我们现在要很热诚地爱护我们的这种传统的精神。我们要把这种服务的精神贯穿渗透到我们的各部门的工作，例如为读者寄出一份刊物，要一点不肯马虎、一点不肯延搁。又例如在门市招待读者或顾客，一点不怕麻烦，始终要客气、要诚恳，处处都充满着为大众服务的精神，这才是真知道生活书店，才是真爱护生活书店。这次参加义卖，也不过是这种精神的一种流露而已。但是因为有这次义卖，应该更使我们想到我们所固有的精神，使我们更自觉地永远保持这种精神、推广这种精神。

七　热烈响应政府五十万封慰劳信的号召

本店发动十万封

军委会政治部、国民党中央宣传部、中央社会部、重庆市党部及全国慰劳总会等五机关发起征求五十万封慰劳信，送往前线战士阅看，借资慰劳及鼓励，这是对抗战一个很有意义的运动，我们应该热烈响应，共襄义举。

据该五机关的通告，这些慰劳信要在六月底寄齐，但我们接到通告时，已是六月二日，时间上未免太匆促些。但是我们还是要尽力地赶，就是迟到一些的，转瞬就要送寒衣到前线去，还是可以将慰劳信附去的。

就这个运动的本身说，我们至少须有三点认识：第一，全面抗战的工作，虽不限于军事，但“军事第一，胜利第一”，在前线浴血抗战的英勇的战士，当然最值得我们的系念与感激，我们应该不放过任何可以向前线战士表示感谢和安慰的机会。第二，慰劳信的意义还不仅有表示感谢和安慰的消极作用，同时还含有鼓励前线战士英勇作战的积极作用；我们热烈拥护抗战，努力争取胜利，凡是可以鼓励英勇作战的事情，我们必须尽所有的力量，努力参加。第三，这种运动的展开不仅对前线战士有上面所提及的重要作用，而且即在后方的民众，也含有政治教育和精神动员的效能，因为动员他们热烈写慰劳信，可使他们对抗战加深认识与注意，同时给予他们一种机会，多少对抗战尽一些力量。

就本店说，我们全体同人尤其应该竭尽我们的力量，参加提倡这个运动，极力玉成这个运动的成功。我们如能达到十万封慰劳信的目的，对于这种运动的全部成功有很大的贡献，因为我们的收获已可占了全部中的五分之一！

我们全体同人为什么尤其应该热烈提倡并玉成这个运动的成功呢？首先因为我们是站在文化岗位上努力于抗战建国的工作，这件事既是有益抗战，而且是含有广大教育意义的有益抗战的文化工作，我们应该一点不放松这个为国效力的机会。第二，本店的目标中有“供应抗战需要”“发展服务精神”，我们应该把握住每一个机会，贡献我们的力量以供应抗战需要，发展服务精神。这个运动之适合我们的目标，是很显然的，我们应该竭尽我们全副力量来参加。送给前线战士的慰劳信，是道地十足供应抗战需要的一件事，这是不消说的。至于服务方面，我们对前线战士的服务，对社会大众的服务，对我们所拥护的政府服务：这是我们应该积极努力的，这是我们的义务！这也是我们的光荣！我们的传统的“生活精神”是对于有益国家的事情，都用全副的精神作兴会淋漓的参加。“生活”的生命，就是完全大公无我的对社会服务的精神组成的！我们全体同人这次响应政府五十万封慰劳信的号召，也应该尽量发挥我们的传统的“生活精神”！

八　对十万封慰劳信的再接再厉

发挥我们的“生活精神”！

本店同人响应军委会政治部、中央党部宣传部、中央党部社会部、重庆市党部及全国慰劳总会五机关所发起的征求五十万封慰劳信运动，决定由我们征求十万封，以襄盛举。本店同人对于这件事的热烈参加，是本店最近重要活动之一，也是我们发扬光大我们的“生活精神”的重要象征之一。我在执笔写这篇短文的发端，首先要对全体同人“慰劳”，并致诚恳的敬礼。

我们已有的成绩虽不坏（在我写这篇文章的时候，即将第一批送五万封），但是十万封的目的，尚未完全达到，尚有待于我们继续努力。我们这次在六月初才接到发起机关的通告，而六月底就是截止期限，在时间上未免过于匆促些，现在幸而截止期已延至七月半，我们应说再接再厉，用全体同人集体的力量，完成征求十万封慰劳信的重要任务。

本店最近因被误会而陷入很艰苦的环境，我们正在“服从法令，接受纠正”的原则下，努力为本店求安全，我们深信不久必可得到当局的完全谅解。我们在这里所要提及的，是本店同人虽在艰苦的环境中，大家都仍然非常镇定，在工作上仍然非常努力。这固然是由于本店忠诚为国，坦白为怀，所以有此泰然的精神，同时也是由于同人的平日修养，这是最可佩慰的一件事。在艰苦的环境中，不但不灰心不消极，反而鼓足劲儿，埋头苦干，这是最可宝贵的精神，最可令人感动的事实！

我在这里所要提出的要点：是我们应该也在继续征求慰劳信的努力中，表现这同样的精神。我们虽在很艰苦的时期，但是我们仍然要兴会淋漓地参加这个有意义的运动，仍然要大家努力来使十万封慰劳信的征求达到最后的成功。我们的努力奋斗，丝毫不因为环境艰苦而打折扣。这是我们的“生活精神”的一部分，是每一个“生活”同事所应该深刻体会到，很勇敢地把它支持起来！

我们对于个人竞赛及分组竞赛以及分店竞赛，不全有鼓励的办法，我们全体同人应热烈参加这个竞赛。在这竞赛得到锦标的，不仅是个人的光荣，尤其可贵的是他为本店集体争取了光荣，因为他的努力所造成的结果，不但是个人的成绩，而是整个生活书店在社会上所表现的成绩；如把文化工作也当作战争来看，他是我们的先锋战士，我们应该把崇敬战士的心情来对他致敬！

愈艰苦愈兴奋愈努力，这是“生活精神”的一个成分。凡是有益于国家民族的事情，我们总是要兴会淋漓地参加，乐而忘倦地参加，这是“生活精神”的另一个成分。让我们在这次继续征求十万封慰劳信的努力中，又一次发挥我们的“生活精神”！

九　作风问题与本店的个性

最近我们提出作风问题的检讨，已引起诸同人的注意和研究。我在《加强认识我们服务的广大对象》一文中，已开了端，在第五十号所发表的《关于作风问题》一文，比较具体地提出了三点：（一）所谓作风并不仅是技术上的应付问题，而是与我们真正的目标相配合的，而我们事业的第一个目标就是促进大众文化。（二）所谓作风的改善，并不是应付一时环境的消极作用，而是具有开展文化工作与效能的积极的作用。（三）技术上应付外界的问题仅是副产物，而且也不是仅在表面上敷衍外人，却是说我们原来就是这样，不要以不谨慎的作风使外人误会我们的本来面目而已。关于这三点，我在那篇文章里都有相当的说明。

我们在作风方面这样提高警觉性，对于本店的个性有否妨碍呢？换句话说，会不会因为作风上有这样的注意而消灭了本店原有的个性呢？这是爱护本店文化事业的朋友所愿得到解答的一个问题。我的答案是：在作风上不仅顾到少数的前进分子，同时更要充分地顾到落后的群众要求，要更充分地顾到各阶层的文化需要，这不但不致消灭本店的个性，而且是更能发挥光大本店的个性。

这个答案不是凭空制造的，是根据本店原有的个性下断语的。讲到这里，我们不得不比较详细地说明本店的个性。本店事业的发展，是建筑在广大的社会信任与同情上面的。这只要看本店在发展过程中所做的几件比较轰动社会的事情就可以明白。本店是发源于《生活》周刊，当时《生活》周刊每期发行十余万份，读者遍各阶层，深入乡村，远达海外侨胞，乃至在本刊上经常刊登广告的厂店达六七十家，都对本刊表示热烈同情，成为本刊好友。这显然是本刊的广大的社会信任与同情的最初基础，也是形成本店个性的重要成分。因为有了这样广大的基础，所以后来有几次广大的号召，都能有声有色，发生相当大的影响。举例来说，一次是马占山将军在嫩江发动惊天动地的抗日战争，本店在上海响应募款慰劳，在一二星期内达现款十余万元，捐款由数万元一人到几铜板一人，由银行大亨到挑菜老太婆，我们店门口的人山人海，热闹情形，使我们全体同事感到空前的兴奋。每晚十几架算盘滴滴答答，算个不了，算到深夜，赶着名单与结数奔往报馆发次日的广告——大幅的广告——而这大幅的广告却不费我们的一文钱！是几个素来对我们事业同情而富有经济力的厂家所捐送的。同时上海市商会也发动为马将军捐款，但是捐的人及银数不及我们多，登的广告不及我们的大，他们登了两天，觉得干不过，索性不登了！这显然又是本店的广大的社会信任与同情的表现。后来我们为着要筹办，《生活日报》而召股款，为支持十九路军淞沪抗战而参加后方工作，都随处有相类的情形，都可以看到本店的广大的社会信任与同情。我们因为有着这样广大的基础，所以在全面抗战爆发以前，对于全国团结一致对外的提倡，尽了我们相当伟大的贡献。我们固然不能自满于以往的成就，但这种历史的事实却是值得我们注意的。

诚然，我们是前进的书店，但是在上海和我们同时或先后成立的前进的书店不只一家。何以我们的书店会比较有更广大的发展？这固然有赖于全体同人的努力，但也在乎我们从开始及过程中就有着广大的社会信任与同情，这是我们的最可宝贵的传统的个性。所以我说，我们在作风上不仅顾到少数的前进分子，同时要更充分地顾到落后的群众要求，要更充分地顾到各阶层的文化需要。这不但不致消灭本店的个性，而且是更能发挥光大本店的个性。

我当然不是说我们在今日还能机械地照抄《生活》周刊时代或以往过程中的一切办法。时代变迁了，文化食粮的内容当然也要变化，但是我们应注意，就是在今日，广大范围的文化运动还是迫切需要的，我们既有着传统的广大基础，根据“各尽所能”的责任，我们这个书店在这方面应该有着义不容辞的任务：这正是要运用我们的个性，对于民族复兴的广大基础，努力竭尽我们的一份力量。

十　艰苦困难中奋斗

整个中华民族是在艰苦困难奋斗中，每一个以中华民族优秀儿女自勉的中国同胞，当然都跳不出这个范围，其实也都不应该逃避这个现实。我们应该以百折不回的继续奋斗来克服艰苦困难，而不应该为艰苦困难所克服！

以上是就整个中华民族说，我们这一群共同努力于文化工作同事的所担任的工作，只是整个中华民族各部门工作中的一部分，我们也有我们的艰苦困难。但是我们如果想到中华民族是在艰苦困难奋斗中，我们所遇着的这小小部分的艰苦困难，真是微乎其微。我们要把眼光放得远大些，我们的心灵便不致被局部的情形所束缚，我们的勇气便不致被局部的情形所阻挠。

我们大家所努力的文化事业，已得到社会的广大同情与信任，使我们对于中华民族的文化事业，能够多尽一些力量，这是我们所欣慰的，但是同时我们却常在艰苦中迈进，尤其是在有人误会我们的时候，常常使我们感到满身荆棘，使我们感到痛苦，使我们不得分出原来可以全部用于事业本身的时间与精力来应付外来的困难。我们对于这种客观的困难情形应该存着什么态度呢？

第一，我们应该以坚决的意志和镇定的心情，在艰苦困难中奋斗。我们深信我们所努力的文化事业，对于整个中华民族是有着重要的贡献：我们每一个同事都是这重要的集体事业中不可少的一员；我们彻底认识这是值得我们共同努力的——值得我们含辛茹苦而无所怨怼的。我们有了这个信仰和认识，任何艰难困苦，都不能使我们消极，使我们灰心。我们要知道，也许可以说不要忘却，本店从它呱呱堕地的时候起，就一直在艰苦困难中向前进展着。我们如果仅看到本店事业有今日的环境与影响，而却没有看到本店从开始就一关一关地克服困难，不怕艰苦，那就是大错而特错！

第二，我们要能够在艰苦中奋斗，最重要的是下决心不怕麻烦，环境愈困难，办事愈麻烦，这是必然的。尤其是有些事情，我们明明是很坦白，却有人硬要误会我们，解释一次，不得谅解，解释两次又不得谅解，最易使人冒火。但是冒火绝不是解决事情的好办法，而且冒火绝对不能解决事情。我们必须把这一道火压下去，使蓄在心头一触即发的烦躁情绪受理智的控制，不怕麻烦！我们为共同努力的集体事业，就是受尽麻烦，也应该用诸葛亮“鞠躬尽瘁，死而后已”的精神来对付。

第三，我们不怕在艰苦困难中奋斗，不是蛮干，不是不讲技术地干。我们共同努力于中华民族的文化事业，是光明磊落的事情，毫无其他作用，丝毫没有不可告人的地方。但是我们在作风方面，在办事的技术方面，甚至在言语文字的表现方面，如果有足以引起人误会的地方，如果发现有失于检点的地方，我们还是要虚心地缜密地检讨，根据检讨的结果，加以迅速的纠正。我们固然不怕艰难，但是我们不应该自己创造出困难，这不是消极地减少困难，同时也是积极地争取开展我们文化工作的更好的客观条件。我们要努力求得对于文化的实际贡献，而不该陷在“形式主义”的泥淖中。

十一　沉痛中的检讨

最近本店因被误会而陷入很艰苦的环境，我忝任本店总责，废食忘寝，竭尽疏解，希望得到谅解而使十五年来(《生活》周刊创办于民国十四年）由许多作家和同人所辛苦培植起来的文化机关，对于抗战建国仍能继续尽它的一部分的任务。同时，我们不得不在沉痛中检讨我们自己的缺点，共同努力加以改善，使我们对于抗战建国的文化能有更有效更广大的贡献。

第一，我们是服从三民主义与拥护抗战国策的一群文化工作者。三民主义是全国同胞所服从的主义，抗战国策是全国同胞所拥护的国策，它的范围都是包括整个民族各阶层，包括进步的分子，也包括大量比较落后的群众。我们文化工作的对象，也是包括或顾到这广大范围在文化上的需要。我们以往的大方针虽然没有违反这个重要的原则，但是我们做得实在还太不够，这一点是我们应该加强警觉与勉励的。

第二，我们全体同人的意志纯洁，忠于职务，能共甘苦，这是我们良善的风格，但是因为抗战的激进，我们的文化工作应着这大时代的急迫需要，也有了长足的发展。分店的迅速增加，是一个显明的象征，但是因为发展的过速，组织的严密和人才的训练都有赶不上的形势，加以抗战时期交通的不便，联系遇到的困难，我们处置业务和应人接物之中，不免有许多不周到的地方，许多患着幼稚病的地方，甚至有不免无意中得罪人的地方。抗战胜利是要以全国精诚团结为基本条件，要促进全国精诚团结，我们对于各方面，除了汉奸之外，都应该竭诚服务，广结好感。这是我们应该加强警觉与勉励的第二点。

但是也有事情在我们自己看来是完全对而却不免引起误会的，例如我们有同人自治会小组的组织，就被人误会为政治的小组的组织，因此推论到有政治活动！其实我们的自治会完全是内部同人的事情——是便于自我教育，检讨工作，改善同人生活等等，而绝对不是什么政治活动。还是有我们的组织条例做根据，从那里面可以看出完全是内部同人的教育工作而毫无可疑的。

甚至如“生活推荐书”的发行，由读者先交五元作预约费，也被疑为是对读者的组织！其实这只是一般书业对于新书发售预约券的办法，是一件极平常的事情，说穿了便可以完全明白的。

此外对于我们的服务部，也引起了一些嫌疑。在事实上，我们建立服务所是我们业务的一个部门，和我们的总务部、生产部、营业部都是并列的。我们同人在重庆轰炸后，曾抽工夫来组织一个小小的服务队帮助救济，慰问难胞，送赠书报，代写家书，都不过是尽一点心意而已。而且我们曾经把这件事公开写信给中央党部，请求指导。

我们对于被误会之点应该尽量解释，对于自己的缺点应该努力改善。

关于工作与学习

一　我们的工作原则

最近我们对于店务有比较充分的讨论，除具体问题的研究外，特提出三句口号，作为我们此后向前努力的总原则：

第一是促进大众文化。我们大家所共同努力的这个文化机关，一向是站在前进的立场，这是同人们所知道的。但是所谓前进，并不是使自己跑开大众很远，把大众远远地抛在后面，我们必须注意到最大多数的群众在文化方面的实际需要，我们必须用尽方法帮助最大多数的群众能够提高他们的文化水准，我们必须使最大多数的群众都能受到我们文化工作的影响。因此我们在出版方面，不能以仅仅出了几本高深理论的书，就认为满足，必须同时顾到全国大多数人的文化食粮的需要，就是落伍群众的文化食粮的需要，我们也要尽心力使他们得到相当的满足，我们深信为着国家民族的利益，我们的任务是要使最大多数的同胞在文化水准方面能够逐渐提高与普及，这对于整个国力的提高是有着很大的效力。所以促进大众文化，是我们的第一个口号。

第二是供应抗战需要。我们当前最神圣的伟大任务是争取抗战胜利，我们所努力的文化工作必须供应抗战需要。自抗战爆发一年多以来我们所出版的有关抗战的书报，固已不少，但是我们还深深地感觉到很不够，我们深深地感觉到还没有充分注意沦陷区域中的广大民众的文化上的急迫需要，没有充分注意前方千百万士兵在文化上的急迫需要。我们要使文化的工作更能供应抗战的需要，更充分地增强广大民众与士兵对于民族的意识，更充分地增加广大民众与士兵对于抗战的热烈情绪，所以供应抗战需要是我们的第二个口号。

第三是发展服务精神。生活书店可以说是服务社会起家的。生活书店的前身是生活周刊社所附设的书报代办部，是完全以对读者尽义务为宗旨的，当时生活周刊社不但为读者代办书籍和报纸而已，其实对于读者的种种需要只要是我们的力量办得到的没有不竭尽心力为他们服务。最有趣的是有的读者有因为夫人要生产，托我们代为物色好的产科医院，有的读者因为吃官司，托我们代为介绍可靠的律师，乃至远在南洋的读者，因为母亲和夫人要买国内的绸缎衣料，也委托我们，代为选购。我们无一事不是尽我们的心力做去，以最诚恳的心情做去。只须于读者有点帮助。我们从来不怕麻烦，不避辛苦，诚心恳意地服务。我们的这种服务精神，引起了国内外广大读者群众的深刻同情，于是对于我们的文化事业给予非常热烈的赞助。他们对于我们书报特别信任（同时，当然也因为我们所出的书报有正确的内容），我们的文化事业便由此一天天向前发展起来，我们现在不但保持我们对于社会的这种传统的服务精神，而且还要尽量发展这种传统的服务精神，由此使我们的文化事业得到更大的开展，由此使我们的工作对于国家民族有更普通而深刻的贡献。所以我们的第三个口号，是发展服务精神。

促进大众文化，供应抗战需要，发展服务精神，这是我们在现阶段，一切工作上的总的原则。我们大家要在这种的原则之下努力迈进！

二　工作实践中的学习

本店同人向来有一个良好的习惯，就是学习的兴趣相当的浓厚。学习本来可以分为两种：一种是学校中的学习，一种是职业界中的学习。职业界中的学习还可以分为两个部分：一个是业余的部分；还有一个是在职业工作中的部分。在学校时期的学习，一般地说来，可以说是用全部分的时间于学习课程，可有一定的上课时间，有一定的课本，有教师对学生按时解说的形式。在职业界时期的学习，便不可能和学校时期采用完全相同的形式。其中在业余时间的学习，如参加读书会演讲会等等，似乎仍与学校时期的情形相近，但是已须特别偏重自动学习的成分，在实际上也须采用比较更灵活的办法。讲到职业工作时间的学习，就更没有显著的学习形式，而须特别注意自动学习精神。在学校里，教师的主要部分的时间，都全用在解说，学生的主要部分的时间，都全用在听讲。在一个职业机关里，全体同事的主要部分的时间，都全用在办公，在事实上不可能有像学校时期那样的学习形式。但这却不是说，在“办公”的时间就没有学习的意义：恰恰相反。我们既不是在学校里，而是在一个办事的职业机关里，正是要特别注意工作实践中的学习。我们对于学校里的学习，对于业余读书等自修工作的学习，都很容易明了或认识它有着学习的意义，但是一想到学习，往往只想到这一类的学习，对于工作实践中的学习意义，似乎容易忽略，所以有特别提出来研究的必要。

关于工作实践中的学习，就本店的情形说，有几点值得我们注意的：

第一，有人批评本店的工作学习还只是学徒式的学习。这一点固然不能说没有片面的理由，但是我们要知道同人中负责比较重的都也在极忙的状况中勉力工作，工夫原极不易抽出，所以对于有“系统的教授”往往力不从心，这是事实问题。不过我希望学习者却不必以此自馁，因为在工作的时候，遇有任何事情不懂，尽管向有关的同事询问，多多注重自我学习。在真正学徒式的学习，做师傅的是没有答复说明的责任（至少事实上是如此），只是由学徒自己摸索。我们至少可把比较熟练的同事当作顾问，当作道尔顿制中的教师（道尔顿制中的教师，就只是鼓励学生自己设计，遇有困难非学生自己所能解决，向教师提出时，才帮同解决，仍以学生自动的努力为主，做教师的只是立于协助的地位）。

第二，要预存在工作中学习的态度，然后在学习中才能发生学习的结果。譬如抄写一封信吧，写的时候马马虎虎，瞎拓一阵，至少并无意使自己写得好些，这样抄了一百封信，末了一封的字，还是要和最初的那一封的字差不多：同样费时间写，只要在写的时候，稍稍存着学习的态度，一定是能够越写越进步的。我们有许多事要做，固然用不着特别费时间来练字，但如果在办公中把字逐渐写得比以前好些，容易看些，就是将来把自己造成中国高尔基，印刷所的排字工友也要谢谢你的。又例如在抄信时，不动天君地呆抄，是一种写法，同时还能用些脑子注意信的内容，信内所应付的事情和适当的措辞，使自己也能借此增加些办事的经验与起稿的能力，这又是一种写法。前一种是学习效用很少，后一种却是学习效用很大。这差异只是肯不肯在工作实践中学习。这里只是举个比较简单的例子，其他比较复杂的工作，可以类推。

第三，工作实践中的学习，不但是同事的学习，即办事技术上的学习，同时还有对人的学习。在一个职业机关里，责任愈重的人，对于人的应付或处理也愈复杂，所以我们不但要学习如何把事办得好，同时还要注意如何与人相处得好，这不是学习如何敷衍人，是要学习如何与人合作，但是要学习如何待人接物，乃至细心观察对于同事工作的分配，对于同事工作效率的增进，尽管自己在目前并不负有指导或领导的责任，也应该切实注意，以备将来自己负到这种责任时可以左右逢源，不致临渴掘井。

工作实践中的学习，包含内容很多，这里只是先举出三点来，与全体同人共勉。

三　工作与学习的问题

据我所直接听到，似乎对于工作与学习的问题，同人间多少有一些不同的看法，这不同的看法，多少引起了意见和态度方面的差异，——虽然这很轻微的，却仍值得我们提出来研究。

这个问题原来是不应该成为问题。本店是事业的机关，不是单纯的学校，当然是应该“工作第一”。依我们的人事方面的领导机构——人事委员会——所慎重规定的“员工惩戒细则”，“工作成绩恶劣者”得予以停职的处分，这足以表示我们对于工作是异常重视的。在事实上，我们平日所提拔的干部，我们平日加重某些同事的责任（即调任比较重要的职务），工作成绩的优越都是一个极重要因素。此外在每隔若干时即须填注的考绩表，对于工作也是显得非常重要的。最近一次的薪水的调整所考虑的三个因素，除列在第三位服务年数外，职务上的责任轻重列在第一位，工作成绩列在二位，其实职务上责任的加重，也是由工作成绩的优越来的，所以在考绩上也很显然的是以“工作第一”，为最重要的因素。我们这一群文化工作者的集合，不是靠任何封建的关系，也不是大家聚拢来做“饭桶”，我们是为着文化事业而集合的，我们当然是要重视工作，我们如果对工作不负责，如果对工作马马虎虎，拆拆烂污，我们这一群的集合便没有意义了。但是我们“工作第一”不但不反对学习，而且要提倡学习，尤其是我们都是青年工作者，青年工作者要常在进步的途程上向前迈进，因为我们要使青年工作者能由学识经验的增加而渐渐加重他们的责任，非常在学习中求进步不可。学习是进步的源泉，进步可以增加工作的效率；这两方面是应该相成相辅而不应该相妨相碍的。与工作有直接关系的学识技能，对于工作效率的增进，固然有着密切关系，即业余对于其他方面学识经验的培养，对于工作效率的增进，也是有着间接的关系。

原来是不应该成为问题而竟成为问题，这里面究竟有着什么漏洞呢？这漏洞是在于有些同事对于工作和学习缺乏正确的认识与态度。有些同事把认真工作视为“事务主义”，好像因为讨厌“事务主义”而即可轻视事务，也即可轻视工作。这是大错而特错！所谓“事务主义”是指除了做着事务外，即不顾学习，不想进步，而不是说事务可以马虎，犹之我们反对“唯武器论”并非轻视武器，而是反对有些人除了武器之外，把其他重要因素如民众的力量等等一概抹煞。因为有着这样的误解，所以对工作渐渐发生不负责的态度，“放工”的钟点一到，没有写完的信即搁笔不写，即令在短时间可以结束的事也硬搁起来！同时把学习和工作分离，尽管能读几本书（读书当然是好的，毛病在下文），而对工作却存着马马虎虎不负责的态度，在另一方面，虽有些人重视工作（这是对的），但却忽视业余的学习或阅读，结果即使原来的工作在熟练上不无收获，但要再进一步，能够负起更重要的工作，却不容易，这在个人方面固然是一种损失，在培养干部方面，在提拔干部方面，也发生了问题。这两方面的弊病，不但不自觉其弊病，反而彼此不免“轻视”（这两字也许说得重些，但至少是彼此间都存着自己完全对别人完全不对的心理）。

上段所举的例子也许为着便于说明，不无夸大之处，我不相信我们同人之间真有这样显著的弊病，即偶尔有之，也是极少数中的极少数，但是我已不免感觉到这种“微波”所引起的缺憾，所以特为提出来谈谈，如果同人中觉得我所提出的这“微波”是无病的呻吟，那是我所最欣喜不过的，希望我们大家有则改之，无则加勉。

四　尊重技术

“干部决定一切”（Cadres decide ererything），这是我们常听到的一句真理名言，但是在苏联积极建设的时期中，他们的领导者还提出一个同样重要的口号，那就是“技术决定一切”（Technique decides ererything）。美国是资本主义国家，苏联是社会主义的国家，但是苏联自从第一个五年计划实行以后，全国上下对于美国的技术，简直可以说是崇拜尊重到万分，他们不惜用最高的报酬——而且在初期是最窘苦的时候——请了许多美国工程师及专家到苏联去工作，这是大家所知道的。但是他们一方面这样重视技术，一方面却有些人员（在各部门中工作的党员）对于技术有着错误的态度，认为他们是做“领导”的工作，只要懂得一般的革命的理论就行，至于技术，那只是技术人员的事情，在他们是不屑做的！诸位在《联共党史》一书中可以看到苏联的最高领导者对于这个缺点的严厉的纠正，认为如果这个缺点不赶紧补救，他们在建设方面便永远不能赶过先进的资本主义国家的成绩，便永远留在落后的境地；并且严厉责备这些轻视技术的人，说他们在实际上是懒惰，是逃避责任；同时郑重指出，倘若这个问题不解决，更前的进步是不可能的（详见该书英文本第三一三及三一四页）。

其实“干部决定一切”的“干部”本是应该具有办事的“技术”的“干部”，否则怎样“干”得好呢？“干”不好的“干部”，还说得上什么“决定一切”吗？所以我深深的感觉到“干部决定一切”和“技术决定一切”是应该联系起来的。

本店是努力于文化工作的团体或机关，我们是要“工作第一”的，谁把工作做得好，谁就是本店的最可敬重的分子。因为我们要切实做到“工作第一”，所以我们要尊重技术，对于本店各部门工作有着熟练技术的同事，是我们所最要重视的同事。

本店的事业含有种种部门。熟练于编辑技术的是编辑专家；熟练于出版技术的是出版专家；熟练于会计技术的是会计专家；熟练于邮购技术的是邮购专家；熟练于批发技术的是批发专家；熟练于门市技术的是门市专家……乃至其他数不尽的专门技术与连带着的专家，例如某同事油印的技术特别好，他就是我们的油印专家，我们都应该重视他，因为我们应该尊重他的技术。同一部门的技术，有的差些，有的好些；有的时在进步中，越做越好，有的故步自封，甚至越做越退步。我们如保持着尊重技术的态度，对于这类事便须时常加以深切的注意：谁的技术好，谁在技术上有进步，对他便须加以鼓励；谁的技术坏，谁在技术上故步自封，甚至退步，对他便须加以提醒或纠正。不得已时或须加以甄别，决不应糊里糊涂地过去。

我们在注意技术的时候，要联想到服务方面去。我们对读者的服务，要尽力使得所服的“务”能精益求精，要尽可能使读者觉得满意。例如我们答复读者一封信，如写得很潦草，胡乱瞎涂一阵，使读者看得很费力，便不及一封写得清清楚楚的信使读者看时很省力、意思懂得很清楚。同样地拿笔写一封信，为什么不用点工夫写得清楚一些，让读者多得一点便利呢（信的内容要写得周到，也是有着同样的重要性）？这只是举一个简单的例子，其他部门工作所需要的技术，我们所以尊重，也是因为它能增加对于读者的服务效率，能增加本店在工作上的效率，能推动本店事业的进步与发展。

最近我感觉到同人里面有一部分也许有一种误会，认为技术人员只是技术人员而已，在我们的事业中不能起领导作用，因此可能造成轻视技术的心理，甚至听到有人说是技术人员，容易引起反感。这真是莫大的误会！这个误会如果不严加纠正，本店的事业是要受到很大的不好的影响的。我敢说只有技术优良，能够切切实实为本店办事办得好的人，才是本店的好干部；只有好干部才能担负得起领导的作用。

为着本店事业的进步与发展，我们要尊重技术。

五　友谊与职权

友谊是天地间最可宝贵的东西，深挚的友谊是人生最大的一种安慰。古人曾有“得一知己，虽死无憾”的话语，也是形容真切友谊的可贵。古今从友谊中不知发生了多少可歌可泣的故事！我们这一群，是为着进步的文化事业而共同努力，我们是同事，但同时也是好友。我们彼此之间应该有着深挚的友谊；我们彼此之间应该有着深厚的同情，亲切的谅解，诚恳的互助。亲密恳切的友爱应该笼罩着我们的整个的环境。

我们同事之间怎样能加强友爱，增进友谊呢？最重要的是待人的态度。我们所做的工作，尽管有种种的差异，但是待人的态度却可以一致，那就是都应该诚恳，和蔼，虚心。我常于无意中静默旁观，看到有些同事对话的态度，不到一言两语，即彼此暴躁起来，好像短兵相接似的！我明明知道我们的同事都是好人，其心都是无他，但是这样的对人态度却大有商量的余地。我自己也是一个性急的人，遇着自己认为重要事情的时候，也不免有疾言厉色的毛病，这几年来已在努力修养，虽比从前自制得多，但仍有待于更多的修养。我深深地感觉到待人的态度与加强友爱增进友谊有很重要的关系，所以特提出来谈谈，希望我们大家互相勉励，尤其是在服务上负责较重的同事，对于同人更须诚恳，和蔼，虚心。但是当局者迷，旁观者清，我们应该有则改之，无则加勉。

但是所谓友谊，也不可以有两种误会：一种误会以为要培养同人间的友谊，就是要马马虎虎，做“烂好人”，对的是对的，不对的也是对的，横正是公家的损失，与我个人无关！这种误会便是无视职权，牺牲职权来讨好于同人。这种人在实际上也不一定能够得到友谊，因为“是非之心，人皆有之”，尤其是在本店，大家对于公事及集体的利益，都知道重视，这样的拆烂污朋友终究是要失败的。还有一种误会便是把友谊和职权混淆起来。这怎么说呢？我也曾经听到同事诉说有负责人对于向来感情好的同事，事事都可优容，做错了事也可以包庇；对于向来感情差一些的同事，那态度就不同了，做错了什么事就无所逃于天地之间；

友谊和职权这样混淆之后，在执行职权时便不能保持“大公无私”的精神。各级负责人最要注意的须要把公私分清楚，即是把友谊和职权分清楚。当然，各级负责人对于某些同事感情比较地好，不一定是单纯的私人友谊，很可能是因为那些同事平日在职务上有着良好的成绩；对于某些同事感情比较差一些，也不一定有关单纯的私人友谊，很可能是因为那些同事平日在职务上的成绩就有问题。因为有着这样的背景，临时发生一件什么错误的事情，对于前者也许优容的心理多些。这就动机上看来，似乎也未可厚非，但在实际上还是有很不好的流弊，因为就临时发生的那一件事说，还是要引起不平的心理，因为就事论事，负责人显然有着偏私的态度，那怎么办才对呢？我以为就所发生的特殊事件说，无论什么人，都应该根据原则处理，不应该因人而异。不过在办法根据原则决定之后，如有特殊情形，根据另一原则可以减轻处分的话，应该公开说明理由而减轻之。例如依我们的服务规约，遇有一个同事要得到解职处分的时候，要考虑到他平日整个的服务状况，看看有无减轻的可能，因为解职是我们处分中最严厉的一着，但是这仍然是根据原则，与专凭个人感情——即由个人友谊所产生的感情——而对同样事实抱着不同的态度，使友谊影响到职权的公正执行，却是根本不同的。

我们要珍视友谊，但是我们绝对不可因个人的友谊而妨碍到职权的公正执行，我们应把这两方面分得清清楚楚，必须如此，然后才能使同事心服。

六　工作的检讨

“埋头苦干”在中国成语里原是一句好话，形容一个人能够不顾一切而苦干下去。但是在这里却有一个小小的危机，就是对于干得对不对，或一部分对一部分不对，或大部分对小部分不对，或小部分对大部分不对，都完全不管，完全不加以回溯或考虑，尽管“埋头”下去，却不是一种好办法。所以我们不但要重视工作，同时还要重视工作检讨。根据检讨的结果，如果认为对的部分，应该更使它发展起来；如果认为有不对的部分，应该赶紧把它纠正过来。

关于工作检讨，应注意下列几点：

一、应根据工作的计划加以检讨。大事应有大计划，小事也应有小计划。有了计划，工作应尽可能根据计划进行，到了相当时期，计划究竟实现了多少，如有未能实现的部分，原因在什么地方，应如何努力克服缺点，改善方法，这都不是一味“埋头”所能够知道的。当然，假使不幸而毫无计划，也还是需要检讨，那第一件应检讨的就是应该要有计划！

二、应该分期检讨。我们的检讨工作，不但要根据计划的内容，而且还要注意分期加以检讨。切于实际的计划，根本就应有期限的规定。有的工作宜于每周检讨一次，有的工作宜于每月检讨一次，有的工作宜于每半年检讨一次等等。每次对于上一时期中工作的检讨，应努力在下一时期中即须发展优点，补救缺点。

三、应该注意集体的检讨。中国的“国粹”不是没有过“检讨”的，例如古圣人所谓“吾日三省吾身”，就是每天自己对自己“检讨”三次。但是个人的单独检讨，远不及集体检讨的周到而能有意想不到的效力。况且我们是集体的办公，彼此工作上的联系是相当密切的，个人所易于忽略的地方，也许别个同事却洞若观火，可以共同研究，共同商量。

四、应有不怕检讨的虚怀雅量。工作检讨是对工作检讨，要把“人”的顾忌抛开。工作检讨是对事不对人，事是由人做的事，当然离不开人，但是工作的对不对，例如工作方法有无错误，工作效率有无问题，工作计划有无缺点，大家都应该把人的顾忌抛开，针对工作本身加以客观的检讨。言者不存吹毛求疵，故作留难之心；听者也不存讳疾忌医，过而惮改之意。大家都立于客观的地位，针对着工作检讨。

七　检讨一年来的工作

《店讯》从本期起所登载几次关于检讨我们一年来工作的文章，这是一件很有意义的工作，因为在检讨之中可以发现过去的优点与缺点。遇有优点，应该把它更发扬光大起来，遇有缺点，应该把它克服过去。

关于各分店的一年来的工作，有各负责人作较详细的报告，我现在专就总的方面指出几点来谈谈。请先谈优点。

第一，全体同人艰苦奋斗的精神。本店从艰苦奋斗中生长起来的，本店同人向来就具有艰苦奋斗的精神，今年一年中所处环境更为艰苦，在这种情形之下，最使我感动的是全体同人仍然镇定而热烈地埋头苦干着。有几位同事为着文化事业而坐牢，除有一个历史较浅的同事被迫登着不符事实的广告而事后仍表示痛悔，没有任何人说出一句埋怨的话。[1]本店忠实于国家民族的文化工作，意志纯洁，态度光明，虽一时不幸被误会，而中心没有丝毫愧怍，[2]这固然是勇敢无畏的精神之所由来，但是在这艰苦情形之下，全体同人镇定而热烈，因公坐牢的同事坚毅英勇，[3]这实在是最可宝贵的，最可崇敬的精神。

第二，全体同人和衷共济的精神。本店在抗战期间因运输、印刷及纸张等等的困难，在营业方面又受到被误会的意外事件严重的打击，同时对于读者又不敢而亦不忍过分提高价格，加上有限资金的运用困难，于是本店在经济上遇着了非常艰难的关头。在这样艰苦的情况之下，仍得渡过难关，不但能勉强支撑，而且还在可能范围内力谋发展，全体同人深解能谅，和衷共济，实在是一个很重要的因素。在某些个别的事件上，虽然还不免发生小小的误会，可是一经解释，彼此都没有什么成见存留着。我们这一群不仅是忠实的工作同志，而且是共患难的好朋友。

---

[1][2][3] 着重号处文句当年编入本书时，因环境不允许，被韬奋删去。这次照实补上。——编者注

第三，民主集中精神的发挥。一般地说来，同人比以前肯说话，肯发表意见，不仅是在个人谈话或书信中发牢骚，却肯对负责人或负责机构贡献意见或建议，使负责人或负责机构能借此更充分地反映同人的公意，同时也有机会纠正或解释同人间偶有的错误意见，这是最可欣慰的一件事。此外，负责机构如理事会、人事委员会等等，我都有机会参加过，最使我愉快的是每次会议，大家都没有不合理的成见，讨论尽管热烈，而最后结果大家对于比较最合理的结论，都一致赞同。这种大公无私的诚恳坦白的态度，使我感到最大的佩慰，使我对于本店事业的前途感到最大的乐观。

其次，我们也有若干缺点，主要的是：

第一，对于同人的教育训练不够，对于同人意见沟通不够，因此不免发生某些程度的隔阂，尤其是总处和各店因相距较远，接触较少，由于战时客观的种种困难及干部不够分配，各店负责人难于常到总处。总处也难于派人到各处与各店商谈一切，为补救这个缺点，下年度须努力实行有计划的视察制度。

第二，营业计划还不够周密。一年来我们事业的计划性虽较以前有进步，如编审有整个计划，造货有相当计划，但都嫌不够，以后各分店都应各有一个配合整个计划的一部分独立的营业计划，使每一店对于实行计划的责任更为明显，例如做到计划或超过计划，都有明确的结果可以表示出来。

第三，资金不够，运用困难，因此影响到造货，影响到各店营业，同时使主持造货的负责同事感到困难，劳怨交集。关于这一个缺点，我可以告慰全体同人的是：我们最近已有了相当的开源节流办法，以后在造货及营业方面可能比较地上轨道。

以上只是说个大概。我们要努力发挥优点，努力克服缺点，愿与全体同人共同奋勉。

八　发现困难与克服困难

天下任何事业都是有困难的，事业愈大，困难也愈多，因为事业愈大，内容愈复杂，所以要应付的问题也愈多，困难当然要随着多起来的。诸位同事读各国的革命史，便可以看出他们所经过的艰苦困难。就中国较近的事情说，看看中山先生的革命史，失败十一次，临死还惨呼“和平奋斗救中国”的一生奋斗精神，是要打动每一个人的心弦的！就苏联的革命说，看看《联共党史》，也可看出即在得到政权之后所经过的艰苦困难，也是一言难尽的。困难是任何事业所必经过的过程。看见困难而惧怕而退却而消极的人，便不配参加任何事业！尤其不配参加有益社会的任何伟大的事业！

这种不怕困难的精神，是每一个要做事的人所必须培养起来的；这种精神的有无，小的方面关系他个人的成败，大的方面关系他所参加的团体事业的成败；所以值得每一个人的深切的注意。

这种不怕困难的精神，在艰苦抗战的时期中尤其重要，因为整个国家民族正在艰苦奋斗争取独立生存的过程中，在这里面占着一部分地位的事业，所可能遭受到的困难比平时更多，如果看见困难只是惧怕、退却、消极，那就非绝对失败不可。

本店事业是有益社会的文化事业，是在抗战期间努力奋斗的文化事业，我们也有着种种困难，是不必讳言的，这种种困难，与其说是例外，不如说是应有的现象。尤其是因为我们采用了相当的民主精神，大家可以随时随地指出我们的缺点，于是别的机关有困难，也许是隐藏着的，是在避讳中的，而我们有了困难，却是浮在面上，是坦白公开的。在这样的情况之下，同事中如不能深刻认识困难是任何事业必有的现象，如不能抱定不怕困难的精神，对本店事业是不免有很大的损害的。

所谓不怕困难，当然不是说我们要无视困难，却是使我们要发现困难，发现后还要克服困难。尤其是负比较重要责任的同事，于发现困难后更应该在积极方面想法克服困难，而不应认识错误，因见困难而惧怕而退却而消极，甚至引起一般同事的消极情绪，忧郁情绪。

本店在过去一年中所最感到困难的是资金不够，影响到造货、进货、营业，这是最大的一种困难。关于这一点，我们已有了相当的调整办法，今后一定可以比较地上轨道。现在我们正积极对编审计划，营业计划，人事计划，种种方面努力设计。我们事业的各方面，今后必然可以更上轨道，更能加重计划性与科学化，是不成问题的。当然，这不是说以后就一点没有困难。说句直率的话，要没有困难，就束手不必做事；做事必然有困难。我们要不怕困难，发现困难后要努力克服困难。

此外在人事方面，我们也有着种种待决的困难。但是我们的态度也还是要不怕困难，也还是要发现困难后努力克服困难。我们的店务，因事业较前发达，同人的数量较前增加，人数一多，说话当然有出入，态度当然不免有参差，这是无足惊奇的。我们必须想法加强同人的教育训练，加强同人的工作视导，加强同人的适当待遇：我们必须克服困难，不应为困难所克服。

最后，我们可以附带想到的是因政治方面被误会而受到的损失。这件事最严重的时期是在去年四月至六月，现在可说已经过去了，这个严重时期所以能渡得过去，根本原因还是在我们的确是光明磊落。今后我们在编审方面，在工作方面，更加谨慎，更注意避免误会，所出书报都与各同业一致送审查，更可不致再有什么严重的问题了。

我们虽有缺点有困难，只须努力改正与克服，都不足妨碍我们事业的进步与发展。如见困难而惧怕而退却而消极，这件事却是我们大家的大敌，我们应一致打倒它！

九　节约和我们的事业

节约和我们的事业有极重要的关系，这可从一般的意义和特殊的意义两方面来说。

就一般的意义来说，集体的节约，对于任何事业机关都有很大的效果。例如单独的一个人每月能节约一块钱，只是微乎其小的一块钱而已，一年积起来亦不过十二块钱，似乎不值得怎样地重视。但是讲到集体的节约影响便重大得多。例如一个有三百同事的机关里，每人即仅仅每月能替公家节约一块钱，每月就有三百块钱，每年共计就是三千六百块钱，这在机关方面便是一笔很大的款子了。关于这种集少成多的效果，一般事业机关都有这样情形，我们的这个事业机关也不能例外。换句话说，我们的全体同事，如果每一个人都能随时随地注意为本店节约，单就每一个人说，尽管为数非常微小，但集聚起来，对于本店的整个经济上是必然可以发生很大的效果。

就特殊的意义说，本店的起家，本店事业的发展，如引一个时髦的成语来形容，可以说是全靠“自力更生”，因为我们一向没有什么大的资本，一向没有得什么“津贴”，全靠我们全体同事“胼手胝足”所构成的一些经济力量，更应该一个钱做两个钱用，更应该避免浪费。而且本店整个经济力的巩固和健全，和全体同人的福利是有着正比例的密切关系，所以替整个的店力避浪费，不仅有益于整个事业，而且是有益于每一个同事的福利。所以依本店特殊情形说，我们更应该深刻地感觉到节约的重要。

节约应该是经常的事情，但在今日还富有一种时代性。为什么呢？第一，中国抗战了两年多，胜利的曙光虽日益接近，但行百里者半九十，物质的缺乏也是一种不能免的现象，立于拥护抗战建国的立场，本店的节约运动可说是全国节约运动中的一个支流。第二，本店在这抗战两年余的今日，虽应看抗战文化的需要，规模日广，同事日多，但经济上周转不易，一个钱要当两个钱用的需要也比以前来得急迫，为着维持本店事业计，有更努力节约的必要。第三，店的据点日多，同人散处各地，管理上容易松懈，浪费的事情也随着容易发生，在主观上，人人都是爱护整个事业的，在客观上也许还不免有疏忽的地方，所以在目前情况下，更有提倡节约运动的必要，使每一位同事都认识这件事的重要性，都能加以更有意识的努力。

此外在实行方面，还有两点值得我们注意：

（一）勿因细小而忽略。例如晚间的电灯，无论是办公室里的或寄宿舍里的，走开的时候，如没有余下的人在那里，必须随手把灯关闭，否则电表上无声中急转过去的每一刹那，都在对准着我们店的经济力作“消耗战”！这类事情的千不该万不该，说来谁不知道，但是你若留心视察，这类事还是有的！这种损公而并无益于己的恶习惯要铲除——就是损公而利己的事情，当然也应该力戒——最重要的是要使自己养成爱惜公物的良好习惯。

（二）同事中对于节约要互相勉励。再具体地说，同事中如发现任何同事有浪费公物的事情，应该诚恳婉和地对他说出，以善意的态度对他劝说：“旁观者清”，有人虽在浪费公物，但有时也许还不觉得，只有旁观的人清楚。在这种情形之下，“旁观者清”的同事应该提醒他，使他有改正的机会。关于这一点，我要对全体同事提出一点共同勉励，那就是遇着有同事指出我们任何人中有浪费公物的过失，都应当虚心接受，千万不可因此恼羞成怒，由此结起私怨（倘若所指出的浪费并非事实，当然也可以解释）。同时，对同事提醒这类浪费事实的同事，却应该诚恳婉和，不应该疾言厉色，好像寻相骂。如果我们都能遵守互相勉励的原则，对于本店节约运动一定可有很好的帮助。

附录一　生活史话

一　生活书店的前身

生活书店的前身是生活周刊社。《生活》周刊是民国十四年十月由中华职业教育社创办的。当时职教社的主任是黄任之先生，副主任是杨卫玉先生，我以半天时间在该社担任编辑主任，主持该社出版的《教育与职业》月刊，译著职业教育丛书，及编著英文年刊。大家鉴于《教育与职业》月刊要每一个月才刊行一次，而且是偏于研究职业教育理论的比较学术性的刊物，于是想再出版一种周刊，每星期就可以刊行一次，专门用来宣传职业教育及职业指导的消息和简要的言论。我记得在一天由黄先生做主席的社务会议上（等于我们现在的业务会议或店务会议，每星期开一次），大家对这个问题加以讨论，结果决定办。接着大家即在会议席上想一个好的报名，你提一个，他提一个，经过相当的讨论后，终于采用了杨卫玉先生所提出的“生活”两个字。主笔呢？原来应该由编辑股主任担任，但因为我太忙，所以公推新由美国学成回国的王志莘先生担任，每月送他薪水四十块大洋，其余的文章由职教社同人帮忙，发行的事情由当时还在职教社做练习生的徐伯昕先生兼任。“生活”两个字是由黄先生一挥而就的，也就是现在数十万读者所面熟的写得强劲的典型的“生活”两个字。最有趣的是后来办《生活日报》，请黄先生在日报两字之上，另写两个同样的字，他写来写去不像，还是靠有艺术天才的伯昕先生依样仿着写出。

生活书店的前身——《生活》周刊——便这样在距今十四年前简简单单地呱呱堕地了。

二　空手起家的《生活》周刊

生活书店的前身——《生活》周刊——可以说是空手起家的。这当然不是说毫无凭借，无中生有，例如创办的时候，虽只有主笔王志莘先生有数十元的薪水，其余的像徐先生和我只是帮忙，但是我们都是中华职教社的职员，所以也可以说《生活》周刊是揩着职教社的一部分的油起家的。可是它是苦出身，并没有一定的资金开头，却是事实，所以说它是空手起家，也未尝完全没有理由。

王志莘先生在美国学的是银行学，所以他主编了一年，就脱离去做银行家去了。我捐的是编辑股主任的名义，所以他走了之后，这副担子就抛在我的肩上。这个“弃儿”在第一年中并看不出它有什么大的前途，因为职业教育和职业指导在有些人看来似乎并不怎样一般化民众化，订户当然说不到，报贩也不起劲。有一次遇着运动场开运动会，由一位茶博士带了一大堆立在门口分送，——在当时是不敢想到卖得出的。印的数量虽有一千余份，最大部分都只是分赠给职教社的社员。谁想得到在中国文化界受到千百万读者欢迎的“生活书店”，它是在这样惨淡的情景中生长起来的！我应该老实说，我自己在当时也没有看出这个“弃儿”有什么远大的前程，只是因为它是一个突然失去了保姆怪可怜的“弃儿”，我义不容辞地把它收容下来！可是我既把它收容了下来，却也不忍薄待它，下次我将要告诉诸位它是怎样生活起来的。

三　光杆编辑

《生活》周刊既是空手起来，它的编辑只配做光杆编辑，是一种很合于逻辑的现象。职教社的几位先生，原来是可以帮忙写篇文章的，但是因为他们各忙于原有的职务，所以慢慢地少起来，要向外征文吗？一文钱稿费没有，刊物的销路又很小，都是一时难以解决的问题。结果往往全期的文章，长长短短的，庄的谐的，都由光杆编辑包办，并不是他欢喜这样做，却是因为出于万不得已。但是这光杆编辑不干则已，既然干了，却不愿消极，却不愿怨天尤人，存着不高兴或拆烂污的心理。他模仿了孙悟空先生摇身一变的把戏，取了十来个不同的笔名，每个笔名派它一个特殊的任务。例如一个叫因公，专做阐扬三民主义及中山先生遗教的文章，对“总理遗教”下一番研究工夫是他的任务。有一个叫心水，他的任务是摆出道学的面孔，专做修养的文章。有一个叫落霞，他的任务是译述世界名人传记或轶事。有一个叫孤峰，有一个叫秋月，有一个叫……分任各种各类的短篇文字。这样一来，在光杆编辑主持下的这个“编辑部”，似乎人才济济，应有尽有！仅仅有了许多笔名是不会凭空生产出文章的，那时没有听到什么“资料室”的名词，补救的办法是光杆编辑采用了“跑街”政策，常常到上海的棋盘街和四川路一带跑，在那一带的中西书店里东奔西窜，东翻西阅，利用现成的“资料室”，有些西文杂志实在太贵，只得看后记个大概，请脑袋偏劳，有的也酌量买一点。奔回“编辑部”后，便怪头怪脑地分配各位“编辑”的工作！

四　四毛钱一千字的特约撰述

上次所谈的“光杆编辑部”，做文章绝对没有稿费，那是不消说的。但是穷光蛋的野心却不小，想到颇有敦聘特约撰述的必要，我们敦聘到的第一位特约撰述是毕云程先生。既是特约撰述，照理应该致送薄酬，借表谢意，于是经过再三慎重的考虑，每千字敬送名符其薄的稿费四毛钱！毕先生热心之至，每次得到“灵感”，写好一篇大作之后，就亲自乘着黄包车送来，来往车费恐怕总是超出全篇稿费，可是他却乐此不倦，一则因为他很敬重我们的苦中乐干的精神，二则因为《生活》周刊的读者群已在扩大，他的卓见有许多人看到。

可怜的“弃儿”已渐露头角了，不到二年，销数由二千余份突增到二万份以上，胆子越弄越大，不但有了国内的特约撰述，而且有了国外的特约的通讯，最初两位是在日本的徐玉文女士，和在美国的李公朴先生。徐女士文笔顺洁婉达，简直可以一字不改，李先生写得多而杂，但略经删除润饰，亦斐然可观。他们两位有个共同的优点，就是写得非常的勤，源源不断地来，同时光杆编辑和他们也经常有密切的通信，深深地感谢他们，热烈地鼓动他们。当时国外的通讯稿费是每千字大洋一块，这也算薄得可以了，可是在“光杆编辑部”已是出了满身大汗，不能想象有再高的酬谢了！

越弄越有劲儿，不但由国内四毛钱的特约撰述，发展到国外一块大洋的特约通讯，而且还有漫画！由徐伯昕先生笔名吟秋的“免费”漫画到倪纲贤先生五毛钱的特约漫画，可算是应有尽有了！

五　光杆编辑兼光杆书记

《生活》周刊渐渐“繁荣”之后，最感觉得显著的象征是读者来信也渐渐地增多。当时《生活》周刊社是中华职业教育社的一个附属机关，总的责任在名义上皆由职教社的副主任杨卫玉先生担负，但是因为他原有的事情已经够忙，所以所谓《生活》周刊社的内部事情，在实际上最初就只是两个半的同事干着。除光杆编辑算一个外，还有一个是徐伯昕先生，还有半个是孙梦旦先生（他有一部分时间还兼任职教社的事情）。读者的信件多了，光杆编辑不得不兼任光杆书记，自己拆信，自己看信，自己起草复信，自己誊写复信（因要存稿）。忙得不可开交，但也乐得不亦乐乎。因为做编辑最快乐的一件事就是看读者的来信，尽自己的心力，替读者解决或商讨种种问题。把读者的事看作自己的事，与读者的悲欢离合，甜酸苦辣，打成一片。当然，光杆编辑不是万能，遇有必要的时候，还须代为请教专家，拿笔之外，还须跑腿，讲到读者来信的内容，真是形形色色，无所不有，有的因为夫人肚子大了，再三细问那一个产科医生好，这还容易效劳；有的因为肚子大了要打胎，那就负不起那样大的法律上的责任了。有一次我写了三千余字的一封复信，说服了一个做未婚夫而万端多疑的青年，终于玉成了他们一对快乐的小夫妻，他们于欣慰之余写信来说要把《生活》周刊作为他们快乐家庭的永远读物。有许多事，编辑当然有严守秘密的责任。这种对读者的尽心竭智的服务是“生活精神”的一个重要因素，是生活书店最重要的基础。此时只是萌芽，至于后来怎样扩大起来，且听下回分解。

六　生活与服务

服务是“生活精神”最重要的因素，也可说是“生活书店”的奠基石，它在《生活》周刊时代就已萌芽了。最初的表现是尽心竭力答复广大读者的来信，当时我们的答复的热情不逊于写情书，一点不肯马虎，鞠躬尽瘁，写而后已！最盛的时候，有四位同事专门担任拆信与抄信的事情。读者和我们真做成了好朋友，不但大大小小的事要和我们商量，在海外的侨胞和在内地的同胞，还时常寄钱来托我们买东西，买鞋子，买衣料，都在“义不容辞”之列，这当然需要跑腿，选择，包寄，买得不十分对还要掉换；麻烦虽是麻烦，但是寥寥几个同事却没有丝毫烦躁或不高兴的意识。简直跑得愉快，麻烦得愉快！他们为什么不信托别人而却那样信托我们呢？这是本刊在读者中所建立的信任心。所代买的东西之中，书报占最大部分，其初我们只是由同事兼带照料，后来愈来愈多，兼带不了，于是才于民国十九年设立“书报代办部”，对读者还是纯尽义务，不过与同行立有合同，用特殊批发折扣的一些收入作该部一部分的开销。最初主持书报代办部的是严长衍同事。这“书报代办部”是附属于“生活周刊社”的，它可算是“生活书店”的胚胎。最可注意的是它的产生完全是“服务”做它的产妇，服务成为“生活精神”的最重要的因素，这不是凭着口说说的，是的确有着它的可宝贵的历史。

“生活书店”的发达，当然有许多主观和客观的条件，但是服务精神，鞠躬尽瘁的服务精神，在千百万读者好友心坎中播下的种子，是最重要的一个因素，这是我们所不能否认的，这是我们所应永远记取，发扬光大的。

七 《生活》周刊的发展

竭忠尽智的服务精神，是“生活精神”的一个非常重要的因素。它的萌芽，在上次已经谈到。这种服务是随着《生活》周刊的发展而发展的。但在继续叙述这种服务的发展情形以前，不得不回转来先谈谈《生活》周刊的发展。《生活》周刊是创办于民国十四年十月，我的正式接办是在十五年十月，最初只是一单张，慢慢儿扩展到一张半，至十八年五卷起，才扩展到本子的格式。本子格式可算是《生活》周刊的一个新纪元，在这新纪元以前的三年（自十五年至十八年）间可另成一个时期。《生活》周刊在三年间从二千余份增加到四万余份，它的声誉，一天天隆盛起来，读者群一天天广大起来。在上海办报，一般的说来，在报纸本身是要赔钱的，全靠广告来弥补。我们的这个小小周刊幸亏非常节省，勉强支持，但是要发展却非另有筹款办法不可，职教社筹措教育经费已经感到焦头烂额，绝对没有余力顾到，唯一办法只有“自力更生”！由一张加到一张半，不是一想就办到的，我和伯昕先生商量又商量，一方面充实内容，推广销路，一方面努力拉广告，经了好久时间，才把这个愿望实现。要由一张半加到本子格式，不但要增加篇幅，而且还要加上订工，是个更大的难关，更不是一想就办到的，我和伯昕先生商量又商量，一方面更充实内容，更推广销路，一方面更努力拉广告，又经了好久时间，才把这个愿望实现。此中甘苦，饶有趣味，趣味何在，请看下回。

八　第一批同事的增加

《生活》周刊自民国十八年的第五卷起才勉力印成本子的格式，在本子格式以前是单张的（由一张加到一张半），我把这单张时期称为《生活》周刊的第一个时期。自十五年至十七年，这一年间是由二个半人勉力办着，到十七年的十月，黄宝珣女士是加入的第一人。黄女士的加入可说是颇为偶然的，因为我向来办事业，策励自己的有一件事，便是不用自己的亲戚，黄女士与我有内亲的关系，原来是不会加入的，但是当时本社还是由职教社副主任杨卫玉先生主持，用人之权是属于他的，所以是由他请进来的，我事前并未参与。那时经济当然非常困难，她算是起码职员，每月大洋十八元，膳宿自备。当年十一月，第二位加入的是一位十三四岁的矮胖胖怪结实的小弟弟，名叫陈凤芳，就是现在得力干部之一的陈其襄同事。他的来源颇有趣。《生活》周刊随处都遇着好朋友，他的叔父做邮差，常常为我们送递邮信，是我们的读者，也成了我们的朋友。他说有个侄子很好，约来一见，大家赞成，成了本店练习生的开山鼻祖！这时，原来的半个人也成为一个人，我们一共有了五位同事。拥挤在上海法租界辣裴德路四四二号的一个过街楼上一个小房间里，挤挤（不是济济）一堂，怪热闹似的。除五位同事外，还有二个社工，是职教社的社工兼做帮帮忙的。

当时还有一位朋友非常热心帮助我们，现在也是我们的得力干部之一，那就是当时尚在交通印刷所中任事的陈锡麟，就是现在的陈雪岭同事。当时因为《生活》周刊的销数很大，我们是交通印刷所的一个主要的主顾。雪岭当时还是一个小弟弟，对我们的事业非常热诚，我对排样及校对非常疙瘩，一不对就要亲往印刷所办交涉，他对我们的事情非常热心招呼，诚恳可感，我心里已把他当为我们自己的一位同事看。

九　怎样扩充起来

我上次同诸位谈及《生活》周刊第一个时期中（自民国十四年至十八年）第一批同事的增加。第二个时期是民国十八年由单张扩充到本子的时候。《生活》周刊改为本子之后，内容更充实，销数突增至八万份，随即增至十二万份，后来竟增至十五万份以上，为中国杂志界开一新纪元，所以就本店的事业说，可以算是划一新时代。

扩充要有钱，也就是现在大家所常谈起的所谓资金。可是当时我们两手空空，怎样扩充起来呢？许多读者写信来要求改成本子，我们向来是非常重视读者意见的，我和伯昕先生下决心改成本子，但是钱这东西却不是可由我们下一决心就能到手。伯昕先生常常在算盘上打来打去，我常常和他商量又商量，我们的“决议”是只有自己设法的一条路走（当时“自力更生”这个名词还未时髦）。一面推广销路，一面设法大拉广告。伯昕先生每天夹着一个黑色皮包，里面藏着不少宣传的印刷品（这都是他一手包办的），他不但有十二万分的热诚，而且还有一副艺术家的本领，把宣传材料做得怪美丽，怪动人，东奔西跑，到各行家去用着“苏张之舌”，尽游说怂恿的能事，真是“上天不负苦心人”，广告居然一天多一天。我们看到没有一家报上不登“韦廉氏医生”的红色补丸，以及其他形形色色的补品东西，我们也转着它的念头，想向他们拉一个广告来“补”一下！这是洋人办的卖药公司，因为我懂得几句洋话，于是由我出马，跑到江西路那家“洋行”里去闯它一下。事情虽然成功，经过却颇费周折，详情如何，又要请诸位且听下回分解。

十　拉洋广告

我上次答应诸位，要继续谈一谈拉洋广告的事情。诸位如有人看过拙著《经历》，也许记得《申报》经理张竹平先生在我刚从学校出来之后，很有意要把我练成一个英文广告员，也就是要去拉英文广告，因此他曾经把一些诀窍告诉了我。第一是要不怕难为情，第二是要不怕麻烦，第三……甚至说拉广告时要有不怕被人赶出来的决心！我这次出马往韦廉氏去替《生活》周刊拉广告，虽未准备被人赶出来还赖在那里，但却预先存有不怕难为情，不怕麻烦的态度去。

该行的总经理听我噜噜苏苏说明了一大顿后，他叫一个中国买办来问一下。你想他说什么，我暗中真想打他一个耳光，他说这个报销路虽好，但是一个小报（洋话叫作蚊虫报）！他这样拖一句，几乎破坏了我的好事。他滚出之后，我又费了九牛二虎之力才把这位洋经理说回来，由他介绍一位洋人经理接下去谈具体条件。商人讲价钱是要不怕麻烦的，我因为得到他们总经理的允登，更大胆地和他们这位洋经理作胶着战，首尾去了二小时，居然把洋合同订好！每期登全页四分之一的“大”广告。

我走出这家洋行的时候，正落着倾盆大雨，大得异乎寻常，但是我边走边对自己发笑：拉到了大广告，真不在乎甚么大雨！我出了大门，跨上了一辆黄包车，不料那辆黄包车的篷布破烂不堪，的的溚溚，淋得我满身透湿，从头发淋漓尽致脚底，可是我跳进我们那个小小过街楼时，笑嘻嘻地告诉徐先生说：“洋广告拉到了！”

十一　大拉广告与自力更生

我上次谈起拉洋广告的事情，虽是在胚胎中的本店的艰苦奋斗史中的一个小小的插话，不过这只是偶然的一件事，真正为我们大拉广告的还是伯昕先生。现在有些外人不明白本店历史的——尤其是奋斗史——往往把寻常的商店必须相当资金才开起来的事实，来对我们作不合理的怀疑。其实，我们的发展的确是靠我们的“自力更生”，这当然是靠全体同人的努力，但在筚路蓝缕，基础更为薄弱的时期，伯昕先生聚精会神，为本店努力开源的艰辛，实在值得我们永久的敬念。他当时替薄薄的一本《生活》周刊所拉的广告，每期所登在五六十家以上，而且像煞有介事，限制非常的严，略有迹近妨碍道德的广告不登，略有迹近招摇的广告不登，花柳病药的广告不登，迹近滑头医生的广告不登，有国货代用品的外国货广告不登，这样不登，那样不登，但是一方面由于销数的增加，一方面由于伯昕先生的手段高明，广告仍然大大地发达起来，引起上海整个广告界的震惊。在上海报界做广告业务的，往往最初替报馆工作，等到发达，总是宣告独立自办广告公司，大发其财。我曾在上海几家报馆里做过事，亲见有几个广告界“大亨”，都是这样出身。因为广告的“康蜜花”实在是再“甜蜜”不过了，而且广告界做生意，往往讲交情（即对拉广告者），不注重机关，这也是给个人发财的一个鼓励，所以广告做熟了，做得发财了，总是要撇开公家而走上个人借此发财的道路。但是伯昕先生始终没有丝毫替他自己打算，始终涓滴归公，使本店在奠定最初的基础上得到一个有力的臂助，这在本店的功绩，是永远不朽的。大拉广告的妙用还不止此，请待下次补充。

十二　广告的广大联系

拉广告似乎是一件很简单的事情，其效用似乎也很简单，多拉几家广告，好像只是替本店胚胎时期多收入几个钱就完了。其实不然，因为伯昕先生的作风，即在拉广告之中，也替本店广结善缘，替本店创造了无量的同情和友谊。他完全用服务的精神，为登广告的人家设计。我从前已经说过，他是具有相当的艺术修养的，独出心裁替广告的人家作义务设计，做得人家看了心满意足，钦佩之至。不但把它登在我们的刊物上，而且在别处的广告（登在各日报上的广告）也用着同样的底稿，每次总是迫切地期待着我们的设计。因此我们的广告多一家，便好像多结交一位朋友。他们对于我们的服务精神，都得到非常深刻的印象，在平日固然继续不断地登着长期的广告，遇着要出特号，需要增加广告的时候，只要伯昕先生夹着一个大皮包，在各处巡回奔跑一番，便“满载而归”。

在那个时候，我们的经济基础是异常薄弱的，要请一位同事设计广告，是绝对不可思议的事情，幸亏有了多才多艺的伯昕先生，简直“出将入相”，出门可以到处奔走拉广告，入门可以坐下来制图绘画，替各种各类的商家货物写有声有色的说明！他如果只为着自己个人打算，撇开我们这个艰苦的岗位去替自己开个广告公司，至少他是一个小小的财主了，但是他的满腔心血都灌溉到本店的经济基础上面去；为了集体的文化事业，忘记了他自己的一切要求。但是我们如果放大眼光，为国家民族的文化着想，为一个文化机关培植基础，比个人成功一个财主两相比较，其贡献于社会乃至人类孰大，却无须我们解释而已可了然的。

十三　赚钱干什么?

要把单张的《生活》周刊改成本子，要有钱；要开展事业，要有钱；要增加同事以分任过忙的工作，也要钱，所以我们天天想赚钱，大拉广告也是赚钱之一道。

赚钱干什么？全是为着事业。我当时和伯昕先生憨头憨脑地立下一个心愿，就是把所有赚来的钱，统统用到事业上面去。屡次增加篇幅，出特刊，一个钱的价格不加。刊物内容要有精彩，稿费大加特加，最初八毛钱一千字的稿费，后由一元，二元，三元，四元，五元，六元，七元，八元，乃至十元（较多的是海外寄来的通讯，因为洋面包特别贵，非重费难得好稿）！在当时，全国刊物中所送稿费最大的是推《生活》周刊了。这种种开销的钱从那里来的呢？都是我们从营业上赚来的。我们拼命赚钱，拼命用钱，但是赚钱却坚守着合理正当的途径，决不赚“不义之财”，例如拉广告是赚钱之一道，但是登广告的条件却非常严格（这在以前已说及），不肯为着老孔（指孔方兄，勿误会！）而有丝毫的迁就。用钱也不是浪费用，却是很认真地用到事业上面去。

说到这一点，我们不得不对中华职教社的几位前辈先生——黄、江、杨三位先生——致最崇高的敬礼！在民国二十二年以前，《生活》周刊还未独立以前，还是附属于职教社的，当时虽已会计独立，但在事实上还是归职教社管理的。职教社是靠捐款办职业教育的，经济原不充裕，而且是常在拮据之中，可是他们重视这一部分的事业，从来没有把我们所赚的钱移作别用，却听任我们把所赚的钱完全用到本身事业上去。

十四　第二批的老同事

我曾经说过，民国十四年至十八年的四年间，可以说是生活周刊社的第一个时期，到民国十八年《生活》周刊由单张改成单本的时候起，可以说是生活周刊社的第二个时期的开始，因为从那时起，《生活》周刊的销数突增至每期十二万份以上，一切都随着有了长足的进步。在这样的基础之上，民国十九年附设了一个“书报代办部”，严长衍同事就是专被请来主持这件事的，因为这方面业务逐渐扩大，人手太不够了，伯昕先生早就常常说起非添一个同事不可。他在跑广告及在外面与同业接洽业务的时候，就时常留意相当的人才，不久便把严长衍请来了。他对于书业是富有经验的，我们得到这样一位同事襄助，真是欢天喜地。到了民国二十年，寒松同事也来参加我们的事业了。现在大家喜称他为“老艾”。“老艾”和我们的事业发生关系的缘起，追想起来也是怪有趣的。他原是我们的一位热心读者，他在复旦大学刚毕业的时候，以读者的姿态写一封长信给我：讨论当时所感到的关于青年和国事的问题。我看了觉得这是一个不可多得的人才，赶紧复一封信寄到复旦大学去请他面谈，可是被邮局退回，说并无此人。他在那封信里怪作剧，署的不是真名却是何某某（后两字我记不起了），我当时以为真名，遇着复旦大学来的朋友就探问何某某，都说不知道。我虽常常想起他，但以为他已不在人间！我后来把他的那封信略加删改之后，并略加附语，登在《生活》周刊上。据他后来告诉我说，他有一天在马路上和几位朋友正在大兜圈子，偶在报摊上看到，知道我要看他，便飞跑地来看我。看后情形如何，留在下次再谈。

十五　请不起三十元一月的总务主任

我在上次谈起寒松是于民国二十年加入我们这一群的。但是这件事却不很简单，《生活》周刊在民国十八年由单张改成单本之后，虽已踏上了更向前发展的第二个时期，羽毛似乎较前略丰了，但是仍然是很窘苦的。我们当时虽很想正式请老艾加入，可是经济力量不够，还是力不从心。这并不是因为老艾在物质上提出了什么高的要求，一点没有，因为他是完全以热烈的同情心来想加入共同努力的。他当时也只需要三十元一月的生活费就够了。可是说来惭愧，我们再三考虑，依据当时“总的经济”，还是无法决定。于无办法之中想出一个办法，我和他商定每期由他替《生活》周刊写一篇关于青年修养的文章，把稿费凑成三十元左右，同时在办公室里加一张办公桌，请他来办公！这似乎太难为了他，但是他并不计较，很诚恳地替我们努力。他原号涤尘，在第一篇文章上叫我替他取个笔名，我就随意代取寒松两个字，这就是寒松之由来。他又很虚心，有时我觉得他的文章需要重写，他就重写，三写他就三写！以这样菲薄的待遇，在工作上又这样苛求，而老艾总是诚诚恳恳地帮助我们，这真不愧是一棵“岁寒然后知松柏之后凋也”的“寒松”了！我们当时本想请他担任在我们算是破天荒的总务主任（以前没有），但是月送三十块大洋，还要以稿费补充，还要说什么主任不主任，实在说不出口，所以并没有对他说出什么名义，他也不知道什么名义，只是热心帮我们工作就是了。我还记得我们寥寥几个人挤在一个小小房间里开什么“业务会议”，围坐在一个极小圆桌的周围，真做到了“促膝”的程度，在这里面你也可以看到两目炯炯光着头的老艾，一腔热诚在他怪慢的一字一句都下着重音的话语里表现出来。

十六　人才主义的用人政策

我在上两次曾经谈及最初几次添请同事的情形，在这里面可以看到当时的窘苦，也可以看到我们事业的逐渐发展，但是还有一点尤其重要的，是我们一开始就算定了人才主义的用人政策。我自从全权主持《生活》周刊之后，始终坚决地不介绍自己的亲戚，也可以说不用私人的任何关系而作为用人的标准。这也许有人要觉得矫枉过正，但是，为着扫除封建余毒，宁严毋滥。这一点在我前几次的叙述里也可以看出的。这种人才主义的用人政策，已成为本店在用人方面的一种传统的精神。我们的事业发展到了今天的规模，同人的数量较前增加了百余倍，在人事问题上当然比较以前复杂一些，但是和其他机关比较一下，便知因私人的关系而倾轧排挤的恶习惯，可以说是没有，在比较负重责的人从来也不因任何私人的关系而感到棘手：这都是由于这个传统精神作用。

除了极少数在社会上服务多年，在事业上已有昭著成绩的人，我们依着事业的需要聘请进来之外，最大多数的同事都是经过考试手续的，一方面根据业务上的实际需要，一方面根据应考者的实际能力，加以公正的考虑。现在本店有许多得力的干部，其学识能力都能超过任何受过国内外大学教育的人，都是由考取本店练习生升起来的。这种极可欣幸的现象，就是人才主义的用人政策的结果。因此我们这一群一心一德亲密诚挚的同事，是人才的集团，是事业的共同目标所吸聚，而不是由于任何私人的关系而聚集的。这可以说是本店事业所以得到相当成功的最重要的因素之一。

十七　第一件轰动的事情

日本强盗在“九一八”开始掠夺我国的东北国土，引起了我国全国爱国同胞的愤怒，霹雳一声，坐镇黑龙江的马占山将军奋起抗战。嫩江战役，震动了海内外同胞的心弦，生活周刊社也大声疾呼，号召读者为马将军和他们所领导的民族战士捐款，登高一呼，万山响应。当时我们的办公处已移到环龙路中华职业教育社新造大厦的底层，另辟独立的门户，进门二三步就有一个木制的柜台横着，柜台上面装着一排矮栏，每日随着东北马将军抗战的紧张，门口挤满了男女老幼的热心读者，数十成群，继续不断，争伸着手把钞票，洋钿，角子，乃至铜板，纷纷交入，读报的孩子与卖菜的乡下老伯伯，都挤在里面慷慨捐输，那种热烈的情形，真使人永不能忘。我们仅仅十几人的全体同事全体动员，收钱的收钱，记录的记录，打算盘的打算盘。大家忙得喘不过气来，十多架算盘的的搭搭算到深夜二三点钟，把姓名和数目赶着送到日报去登广告，第二日全张四分之一的大广告赫然显露了。登广告的钱是我们平日的热心广告户应我们的请求而捐送的。这样热闹了好几天，捐款竟到十五万余元之多。当时不仅轰动了全沪，简直轰动了全国！最有趣的是上海的全国总商会也在发起捐款，第一天也和我们同样地在日报上登出捐款者姓名数目的广告，但是第一天就不及我们的一大半，第二天更小，他们觉得不好意思，不再登报了！在踊跃捐输的读者中，有年仅二十岁左右的“粤东女子”独将父母遗产全部二万五千元捐给马将军抗战，社会上都在纷纷揣测谁是这位“粤东女子”，她曾经亲来见我一面，但不愿公布姓名，这是一件够令人感动的义举，她可说是拥护抗战国策最早最力的一位女先锋！

十八　第二件轰动的事情

第二件轰动的事情是发生在“一·二八”淞沪抗日之战。这一战役给予全国同胞的兴奋，并不下于黑龙江嫩江一役。因此生活周刊社门口捐款的拥挤，其热烈情形也不下于我们为马占山将军捐款的时候。不过为马将军捐款时，我们因远在上海，只须设法把款汇往黑龙江就行；这次战役，却近在上海，我们同时还参加了战事后方的服务，根据战士们的实际需要，同后方的机关采购种种需用品，押送到前线去，所以忙上加忙。同时因为我们的读者对我们特别信任，我们办公处里的电话机上的铃声响个不断，“喂！战事有何消息？”刚回答了一个，第二个又继续地接上来。我们这号称全体而实际只有十几个人的同事，不得不轮流在电话机旁服务，甚至在深夜还有许多读者来“喂！”我们不但不以此为麻烦，而且感觉到深深的荣幸，很诚恳地很客气地回答了每一个读者在电话中的询问。幸而我们不但有人参加了后方的服务，和军事的后方机关有密切的接触，而且战地记者也有不少是我们的熟友，所以在战事消息方面的确有“独到”之处，尚不辜负读者对于我们的特殊信任。除在电话里不断地为读者服务外，因为有许多读者经过我们的门口时，往往都要弯进来问问最近的战事消息，尤其是在下午以后没有报看的时候，于是我们每天居然写了几次大张的“号外”，在门外专备的大木板上贴着，报告最近的军事消息，在那里你常常可以看到数千成群的读者静悄悄地仰着头细细地看着。他们对于我们的“号外”的信任，超过对于任何日报的“号外”。在这样鼓励之下，我们同事尽管缩短睡眠，疲于奔命，但是精神上的愉快却是无法形容的！

十九　第三件轰动的事情

第三件轰动的事情就是《生活日报》的招股。招股原是一件很平常的事情，有何轰动之有？但是《生活日报》的招股却有它的特殊的情形。首先，《生活日报》的发起是应许多读者长时期中的要求，并不是由少数人凭空想办的，所以一旦公布招股，便有着非常蓬勃的气象，数千份招股章程放在门内柜台上，几乎瞬息精光！许多读者因为信任《生活》周刊，都希望能有一个具有同样精神的日报，都抱着满腔热诚来投股，所以在一月左右便达到十五万元以上。十五万元的数目似乎也并不足以惊人，但是你如果想到这是数元数十元凑集而成的，便可以想见这里面所包含的热血肝胆，实在不是任何数目字所能测计的！我们没有大股东，而股东的数量却是几千人，布满着海内外的各角落！许多读者都在十分殷切地盼望着这个日报的早日出现，我们也在勤勤恳恳地准备着一切。今天接洽印刷机，明天研究健全的组织，后天讨论报的格式与内容。那时我们的心情，真是好像在办理什么天大的喜事！但是正在蓬蓬勃勃之际，却因“迫于环境”而不得不中途作罢，我自己也不得不出国。当时因为开办遥遥无期，所以把已招得的股款完全发还，并且把存款于银行所得的利息，也一并归还给投股者。我们在经济上是弄得清清楚楚的，一毫不敢苟且随便，但是不能如许多读者多年的期望，创办一个他们所想望的日报，这个歉忱是至今还深深地存在着（后来在香港试办的《生活日报》，是由本店单独试办的，详情见拙著《经历》一书中）。

二十　少不了的会计师

关于上几次所说的几件“轰动的事情”，都是有关于经济的事情，也就是关于银钱经手的事情。关于这方面，本店有一个特点，就是必须请会计师查账，出证明书。除《生活日报》的股款本息全部归还外，为马将军捐的款，为十九路军捐的款，都经过上海潘序伦会计师查账证明无误。我们都根据会计师的证明登报宣布及印发征信录。我们认为这个手续非常必要的。这不但是本店保持读者的信任所必要的手续，而且即我个人也受其赐，因为后来有人企图破坏我在社会上的信誉，公开用文字诬蔑，说我把替马将军捐的巨款吞下来，用来办书店，并用为出国的费用，但是我不怕，因为我们再把会计师的证明书制铜版在报上公布，什么阴谋都无所施其伎俩。

不但关于上述的几件事而已，自从本店开办以来，每年度的收支，都请会计师查账出证明书，即在抗战以来的账目，虽因迁徙无定，未能早查，但最近也逐一由会计师清查了。少不了的会计师，他是我们在经济上绝对诚实的证人。我们向来是要请教他的。我们对同事向来是经济公开的，最重要的就是有会计师的查账和证明书。我们的事业是由艰苦中产生出来的，我们的同事所以能在很艰苦的情况中共甘苦，共同奋斗，固然是由于有着为进步文化而努力的共同目标，同时也因为我们大家都是靠工作取得生活费，没有不劳而获的分子，并因为我们的经济公开，偶有一部分的赢余，也是用到发展事业的上面去。甚至因为历年的资金不够，应分的一些股息和一些红利，都一古脑儿用作事业的维持费和发展费，大家并无怨言，也是由于请教了少不了的会计师！

二十一　长足的发展

我于民国二十二年六月间出国，但是本店在我出国后，由于诸位同事的努力，在我出国后的第二年间，不但不衰落，而且有着长足的发展。伯昕先生的辛勤支撑，劳怨不辞，诸同事的同心协力，积极工作，愈之先生的热心赞助，策划周详，以及云程仲实诸先生的加入共同努力，为本店发展史上造成最灿烂的一页。试举其荦荦大端：（一）杂志种类大增，有《文学》《世界知识》《妇女生活》《太白》《译文》《生活教育》等等，都是风行一时，万人争诵，杂志订户亦随着突飞猛进。（二）本版书大增加，我们最初是以经售外版书为大宗，这时自己也有了编印本版书的计划。（三）邮购户大增。（四）创制全国出版物联合广告，首创十大银行免费汇款，以便读者订购书报。（五）同事人数由二十人左右突增至六七十人。（六）租赁四马路店址，并在该屋三楼之上自建四楼。

《生活》周刊虽因文字获罪而停办，但由杜重远先生接下去创办《新生》周刊，由寒松先生相助，内容精彩，风行海内外，成为一支锐不可当的生力军。中间虽因文字触怒了日本强盗，不幸夭折，但是由此更暴露了日寇对中国的横蛮，引起了全中国的爱国同胞的愤慨，引起了全世界同情中国人士的正义感，实为我国后来神圣抗战奠下了一块基石。

我于民国二十四年八月间回国，我下船后第一件事是眼眶里含着热泪奔往狱里去慰问杜先生，随后跑到四马路本店里，和每一位同事亲切的握手，出国时只有十几位同事，回国时竟看到六七十位同事，握手就握了不少时候！我在那短短的半天里，真是悲喜交集！

二十二　惊风骇浪中迈进

我回国后，又请到文坛大将金仲华先生加入本店，是本店的一大幸事。但此时日本帝国主义对中国的侵略暴行，已日逼日紧，全国的爱国怒潮正在日趋澎湃之中。这是当时整个中国的危殆局势，但是在本店的小范围内也有一件十分焦虑的事，就是伯昕先生因劳苦过度，肺病甚危，我奔到他家里去看他的时候，他已不能行动，上气不接下气的激烈地喘着，那真是不得了！他在这样危殆的情况中，还念念不忘店事，还不肯抛弃一切去养病。我极力劝他暂时往莫干山静养，他坚持不肯。我想除了强制执行外，没有其他办法，特请张铭宝先生（雪岭同事的老兄，原在交通印刷所任事，此时在两路局任事，也是本店的一位热心老友）代为布置一切，第二日把伯昕先生“押解”上山！强迫养到年底，他居然完全恢复了健康。这个小波澜总算安稳渡过了。

但是大波澜却在继续增高中。为着推进救国运动，在这时期，我们办了每期销数最多时达二十万份的《大众生活》，承办了促成全国团结一致对外的《生活日报》。二十六年“八一三”神圣抗战爆发，本店为着努力抗战文化起见，许多同事不得不分配到内地各重要据点去工作。我们因限于资金，各位同事只是以数百元作为一个新据点的开办费，号称经理，实同士兵，在没有旅馆可住的地方，初到时往往即在码头上露宿一宵！有一次有位“经理”因船挤被挤下水，幸而得救。这种苦楚的生涯，只有我们同人自己知道的。即在上海将分散到内地去的时候，计划已定，而盘费无着（一时没有现款），还是临时靠伯昕先生设法做了一笔纸生意，出于意外地赚了三千块钱，才把这个难题勉强解决。我们这样艰苦创造的事业，还有人疑心我们的“经济来源”，冤乎不冤！

如有天理，本店是应该永久存在的。本店史话当然非目前所能终了，但是抗战开始以后的情形，为时较近，知道的多，不必就说，至于将来永续不断的店史，却有待于可畏的后生。区区谈到这里，要同诸君告别了。

二十九，四，十七晚，十时。

附录二 为生活书店辟谣

——敬告海内外读者及朋友们书

海内外读者及朋友们：

生活书店由于海内外读者及朋友们的深厚同情，热心赞助，经十五年之惨淡经营，始略具规模，对于国内民族的文化事业，无日不在艰苦奋斗中，以无负海内外读者及朋友们的热诚期望。自抗战爆发以来，对于抗战国策的宣传与前方精神食粮的供给，尤竭尽心力，不敢懈怠，所设分店深入战区及游击区，同事冒战地危险而努力服务，屡次押运大量书籍出入敌人封锁线，艰苦备尝，几遭不测，有一同事因忠于职务，不幸惨遭敌机炸毙，为抗战文化而牺牲。凡遇党政当局有所号召，本店无不竭诚响应，不敢后人，举其较显著者，如在战时首都，本店第一家响应党部对于义卖的号召；在党政军五大机关五十万封慰劳信的伟大运动中，本店同人全体动员，单独征得慰劳信十三万余封；中央党部征求翻印

《总理遗教》，本店亦为第一家响应实行者；此外如广印《蒋委员长抗战言论集》，特为前方将士编行《全民抗战》周刊战地版（总数已达五十余万册），为一般民众编行《战时读本》（总数已达百余万册）《大众读物》（宣传抗战的通俗小册，总数已达三百余万册）等等，凡遇与抗战有裨的文化事业，虽在印刷纸张及运输极艰难的情况中，无不全力奔赴。本店虽自愧贡献微薄，但尚可告无罪于国家民族。不料最近屡承读者见告，谓竟有造谣中伤本店，说本店是受共产党津贴的机关，企图利用党派摩擦以破坏本店的事业，最初以事出捏造，一笑置之，但报告者日多，且有以此类诬陷的印刷品见示者，似有人企图造成不利于本店的浓厚空气，作为整个摧残的张本，所以不得不根据事实，略加辩正。我国自抗战以来，全国同胞及各党各派皆在最高领袖及政府抗战国策领导之下，精诚团结，一致为国努力，党派原已不应成为罪名，本店所以辩正在事实上并无任何党的关系，不过就事实加以说明而已。为简明计，请分三点略加解释。

第一，谣言中最动人听闻者，为本店以如许小资本（民国二十四年十二月二十八日向实业部商号注册资本十五万元，领有执照设字第八七六〇号），怎样能办这样大规模的事业，于是认为这就可以作为本店必然受了共产党津贴的铁证！这种诬陷的话，是完全抹煞了本店十五年艰苦奋斗日积月累的历史。本店最初为生活周刊社，该刊销数每期在十五万份以上（有当时邮局盖章的立券簿为证），仅仅该刊每年的订费即有数万元。本店忠诚为读者服务，积时既久，信用日著，所以刊物种类亦渐多，都深蒙读者赞许，每年所收订费，总数亦逐渐增加；此外因侨胞读者以及内地读者经常存款委托随时代办书籍，邮购户经常总在三万户以上：这两项每年一二十万元以上的订费存款，虽非资本，但只须分期及随时由书刊中逐渐偿还，在运用资金方面实为读者对本店间接的莫大协助。这种事实完全由于本店多年在广大读者间所建立的信誉而来，初办同类事业者未能在短期间得到这样的基础，或一般社会人士不明此中实际情形者，听到有人致疑于本店以如许小资本能办这大规模的事业，往往易被谣言所迷惑。去年六月间，重庆市政府社会局会同市党部及中央图书杂志审查委员会，派员三人亲到本店审查账册，连查二日，对于经济之来踪去迹特别注意，结果无弊病可言，足见本店实全恃自食其力，绝不受任何方面的津贴。造谣者之毫无根据，不辩自明。此外本店同人创业的艰苦，平日工作的辛勤，亦有非外人所能尽悉的。最初数年，因经济特别艰难，同人工作夜以继日，有几位同事因过于劳瘁，以致牺牲生命者，如由练习生逐渐升至主计部主任之孙君梦旦，由练习生逐渐升至分店经理之陈君元毕君子桂等，都是因为过劳伤及健康以致短命早死。近数年虽业务比较发达，劳苦比较减少，但以支出随事业发展而渐大，仍不得不极力撙节，每日工作仍极紧张，每一同事仍极辛苦。现在还有好几位同事因参加创业过劳及多年辛勤而致疾，未获痊愈的（多属肺病）。即韬奋自己亦因参加创业，日夜工作，伏案过久，发生胸部剧痛，病剧时在床上乱滚，医生束手，每数日一发，或一日数发，缠扰数年，后来出国游历二年，才渐渐痊愈。这样由海内外无数热心读者所赞助与许多同事的血汗乃至生命所培植，经十五年的含辛茹苦而有今日的文化事业机关，竟有人广播无根据的谣言，企图中伤，每念及此，不胜痛心！是非不明，正义何在，一个文化事业机关被摧残的事小，影响于国家民族的前途事大。这是韬奋所沉痛悲愤，诚恳提出，希望全国公正人士加以注意的。

第二，关于书报内容，亦往往被造谣者加以种种诬陷。本店出书共达九百十余种，其中有关思想问题者仅四十种，为图书杂志审查委员会认为应禁止者二十六种，在此二十六种中尚有十种为已由内政部审查通过得有执照。足见本店在出版方面即偶有被认为有错误之处，亦甚微细，且早已接受纠正。本店出版的杂志，都已经过重庆图书杂志审查委员会的审查。依照中央图书杂志审查委员会对于一般书业的办法，任本年四月以前出版的书，除有通令禁止者外，均可售卖。同月以后出版的书须一律将原稿送审，本店已随同同业一致遵办。韬奋个人曾以国民参政员资格在国民参政会中提出撤销原稿审查的议案，是不错的，但这是另为一事，至于在政府决定之后，公布法令，人民有服从法令的义务，这又是一事，韬奋认为出版自由之争，为个人属于国民方面应尽的天职。而本店服从法令的态度，亦为平时一贯的方针。这种界限，是最应该分别清楚的。

第三，关于本店在管理上相当地采用了民主的原则，亦往往被造谣者作为一种口实，其实本店的同人自治会，其任务只是由同人自理关于卫生、娱乐及自我教育等事；同人所公举的人事委员会，其任务只是在相助商决关于考绩奖励及待遇等事；每二周由各分店负责者召开店务会议，由同事参加工作检讨及商决有关营业上的种种问题。本店同人自创业以及现在，在极艰苦的环境中尚能团结奋斗共甘苦者，即借此集思广益，有事大家商量的民主精神，得以勉力维持。以上种种组织及会议都不出店务范围，竟有人诬为秘密组织或秘密会议云云，贸然加以毫无根据的罪名，实属冤枉。

谣言无根，原无足惧，亦不至引起政府轻信，但三告曾参，曾母投杼，不利于本店的谣言日播日广，即平日深表同情于本店的朋友们，也许以为本店是自陷于党派摩擦的漩涡中实为自作自受，于人何尤，这样适中造谣者的阴谋，加深本店的冤抑，所以略就事实加以说明，诚恳希望海内外读者及朋友们主持正义，如听到上述谣言，代为力辟，俾十五年艰苦辛勤培成的文化事业机关不致含冤沉没，俾对国家民族能作继续的贡献，不胜感激之至。谨致抗战胜利敬礼！

韬奋敬启

廿九、三、三十日深夜，重庆。

附录三　殉职四战士简历

孙君梦旦浙江上虞人，为生活书店创始人之一，毕业于中华职业学校商科，对文化工作异常勤奋负责，十余年中由练习生而渐升至主计部主任，初创时人少事繁，孙君因责任心重，常彻夜工作，积劳过度，体力渐亏，抗战后随店内迁，继续努力，艰苦备尝，二十七年冬终因过度劳顿，肺疾复发，不得已回沪诊治，途经长沙广州各文化据点，仍抱病整理账务，不辞劳瘁，同事劝阻无效，回沪后终于不起，享年方二十九岁，身后遗寡妻子女各一。

陈君元江苏江阴人，毕业于小学后，二十年考入本店，以练习生参加服务，渐升任门市部主任，抗战后加强内地文化工作，调任陕西南郑分店经理，亦因劳瘁过度，为肺结核菌所侵，因郑地医药欠善，于二十七年十月赴西安住院疗治，屡遭敌机轰炸，扶病返南郑，病势加剧，无法挽救，享年才二十五岁。

毕君子桂江苏上海人，去世时才二十五岁。小学毕业后，于二十三年考入本店为练习生，好学不倦，尽忠职守，于二十七年调迁昆明分店，初负责门市部，继以劳绩升任经理。于二十九年二月初旬患盲肠炎，因敌机肆虐，手术延误，竟殇此一位最英勇的文化战士，痛恨无穷（参看《痛悼子桂同事》一文）。

何君中五四川万县人，享年三十二岁。曾毕业于四川省立奉节军训团，二十七年入本店，为本店万县文化据点首创人之一，忠诚耿直，富责任心，于二十八年二月四日敌机在万县狂炸中，与万县分店俱毁。先是何君等闻警报后即作远离市区之准备，惟何君因责任心高强，以厨中午炊余炉未熄，恐肇祸端，故力促同伴先行，本人则折返厨中熄灭余烬，不料事毕未及出门，敌弹已下，店屋遭炸全毁，何君亦痛遭粉身碎骨之惨祸！

以上四君均为艰苦磨炼中已成专才的文化战士，都在抗战期间坚守文化岗位，鞠躬尽瘁，死而后已，其中三人且为狂妄的敌机直接间接所牺牲。他们的身后虽有工作伙伴们的共同照顾，但他们为抗战文化而牺牲，在国家社会却是极为痛心无法补偿的损失。

增订本后记

这是韬奋先生的遗著之一。这本书的内容自然还是不足以完满地表现韬奋先生一生奋斗的人格，但是就从这一些文章中也可以使我们充分看到他的大公无私的民主作风和严肃认真的办事精神。韬奋先生生前就是以这种作风与精神达到了他的伟大的成就，并且是永远值得作为后人的楷模的。这本书在以前已印行过若干版，深得读者欢迎，但因为韬奋先生在编订这本集子后又写过一些同类性质的文章，所以现在我们特再加以补充，印行新版。兹当抗战胜利之际，而韬奋先生已逝世一年余，重读他的遗著，悲痛之念，不能自禁。我们只有学习韬奋先生的作风和精神，继续前进，为建设新的中国而努力，那正是千千万万韬奋先生的读者所应共同负起的任务。

生活书店编辑部

一九四五年九月八日

韬奋生平与著述简表

1895年　11月5日（农历乙未年九月十九日）出生于福建永安。祖籍江西余江。原名恩润，乳名荫书。韬奋为其笔名。

1900年　全家迁往福州。父亲为他“发蒙”。

1909年　考入福州工业学校。

1912年　到上海南洋公学下院（附小）读书。

1914年　升入南洋公学中院（附中）读书。

1915年　在《学生杂志》上首发文章。

1917年　升入南洋公学上院（大学）电机工程科学习。

1919年　开始在《申报·自由谈》上发表文章。9月考入圣约翰大学文科三年级，主修西洋文学。开始试译杜威的《民本主义与教育》。

1921年　7月毕业于圣约翰大学。先后在厚生纱厂、上海纱布交易所任英文秘书，在申报馆帮助处理英文函件。

1922年　担任中华职业教育社编辑股主任。

1923年　《职业教育研究》由商务印书馆出版。与叶复琼结婚。

1925年　《生活》周刊创刊。从第1卷第2期起，为之撰写文章。

1926年　10月接办《生活》周刊。从第2卷第1期起开辟《读者信箱》专栏。与沈粹缜结婚。

1928年　译作《一位美国人嫁与一位中国人的自述》由《生活》周刊社出版。

1929年　译作《一位英国女士与孙先生的婚姻》由《生活》周刊社出版。

1931年　《小言论》第一集、译作《一个女子恋爱的时候》由《生活》周刊社出版。

1932年　《生活》周刊销数增达155000份。7月生活书店正式成立。参与发起筹办《生活日报》。《最难解决的一个问题（信箱汇集之一）》

由生活书店出版。

1933年　参加宋庆龄、蔡元培、鲁迅发起的“中国民权保障同盟”，当选为执行委员。7月14日，从上海乘意轮佛尔第号流亡国外，先后到达意大利、瑞士、法国、英国，随程撰写通讯《萍踪寄语》。《韬奋漫笔》《小言论》第二集、第三集由生活书店出版。

1934年　考察法国、比利时、荷兰、德国，到苏联访问考察。《萍踪寄语》初集、二集由生活书店出版。

1935年　赴美，对美国社会做深入考察和研究。8月27日抵达上海。《大众生活》创刊。与沈钧儒、马相伯等组织上海文化界救国会。《萍踪寄语》三集由生活书店出版。

1936年　11月与沈钧儒等救国会领袖在上海被捕，后移至苏州看守所羁押。在看守所动笔撰写自传《经历》。《大众集》《坦白集》由生活书店出版。

1937年　7月韬奋等“七君子”获释。11月乘轮前往香港。《读书偶译》《展望》《经历》《萍踪忆语》由生活书店出版。

1938年　主编《抗战》《全民抗战》等。

1939年　4月当选为生活书店总经理。译作《从美国看世界》《苏联的民主》由生活书店出版，《韬奋时事论文集》由中流书店出版。

1940年　《事业管理与职业修养》由重庆生活书店出版。

1941年　2月秘密离渝，流亡香港。撰写长文《抗战以来》，连载于香港《华商报》，8月由华商报社出版部结集出版。

1942年　香港沦陷，流亡广东等地，考察苏中、苏北抗日根据地。

1943年　耳疾恶化，诊断为中耳癌，回上海治疗、手术，以化名不断转换医院。

1944年　开始撰写《患难余生记》。7月24日晨7点20分逝世于上海医院。10月1日重庆各界隆重召开追悼大会。11月22日延安举行追悼大会。